Alexander Weitling

Der Aufsichtsrat in der Genossenschaft

Besonderheiten und Probleme

Diplomica Verlag GmbH

Weitling, Alexander: Der Aufsichtsrat in der Genossenschaft: Besonderheiten und Probleme. Hamburg, Diplomica Verlag GmbH 2013

Buch-ISBN: 978-3-8428-9310-8
PDF-eBook-ISBN: 978-3-8428-4310-3
Druck/Herstellung: Diplomica® Verlag GmbH, Hamburg, 2013

Bibliografische Information der Deutschen Nationalbibliothek:
Die Deutsche Nationalbibliothek verzeichnet diese Publikation in der Deutschen
Nationalbibliografie; detaillierte bibliografische Daten sind im Internet über
http://dnb.d-nb.de abrufbar.

© Diplomica Verlag GmbH
Hermannstal 119k, 22119 Hamburg
http://www.diplomica-verlag.de, Hamburg 2013
Printed in Germany

Inhaltsverzeichnis

Abkürzungsverzeichnis

Abs.	Absatz
AG	Aktiengesellschaft
AktG	Aktiengesetz
BGB	Bürgerliches Gesetzbuch
bzw.	beziehungsweise
ca.	circa
D&O-Versicherung	Directors & Officers-Versicherung
DCGK	Deutscher Corporate Governance Kodex
DGRV	Deutscher Genossenschafts- und Raiffeisenverband e.V.
DrittelbG	Drittelbeteiligungsgesetz
EDEKA	Einkaufsgenossenschaft der Kolonialwarenhändler im Halleschen Tor-bezirk zu Berlin
eG	eingetragene Genossenschaft
GCGK	genossenschaftlicher Corporate Governance Kodex
GdW	Bundesverband der deutschen Wohnungs- und Immobilienunternehmen e.V.
GenG	Genossenschaftsgesetz
HGB	Handelsgesetzbuch
ICA	International Co-operative Alliance
LEH	Lebensmitteleinzelhandel
MitbestG	Mitbestimmungsgesetz

MMV	mittelbarer Member Value
NMV	nachhaltiger Member Value
o.J.	ohne Jahr
OECD	Organisation for Economic Co-operation and Development
PSD	Post-Spar- und Darlehnsverein
Rdnr.	Randnummer
REWE	Revisionsverband der Westkauf-Genossenschaften
S.	Satz, Seite
UMV	unmittelbarer Member Value
URL	Uniform Resource Locator
Vgl.	Vergleich

Abbildungsverzeichnis

1. Einleitung

Im Zuge von Unternehmenskrisen, Insolvenzen und den Auswirkungen der Finanzkrise steigt die Bedeutung einer verantwortungsvollen Unternehmensführung und -kontrolle. Im besonderen Blickpunkt stehen dabei die Kapitalgesellschaften mit ihrem Management und ihrem Aufsichtsrat. Sie prägen die Debatten über Shareholder Value und Corporate Governance. Die wirtschaftliche und gesellschaftspolitische Bedeutung von Genossenschaften wird in der Öffentlichkeit und in der Wissenschaft kaum wahrgenommen, obwohl unter anderem das Jahr 2012 durch die Vereinten Nationen als Internationales Jahr der Genossenschaften ausgerufen wurde.

Im Hinblick auf die steigende Bedeutung einer verantwortungsvollen Unternehmensführung und -überwachung widmet sich diese Untersuchung den Besonderheiten und Problemen des Aufsichtsrats in Genossenschaften. Die Funktionen und Aufgaben des Gremiums in Genossenschaften sind mit denen in Kapitalgesellschaften identisch. Sowohl bei Aufsichtsräten in Aktiengesellschaften als auch in Genossenschaften ist der Aufsichtsrat das Zentrum der Unternehmenskontrolle. Dennoch werden Aufsichtsräte von Genossenschaften in den Debatten über Corporate Governance wenig berücksichtigt. Ihre Relevanz bei der Überwachung und Kontrolle des Vorstands ist indes nicht minder groß. Im Vordergrund stehen die Wesensmerkmale von Aufsichtsräten in Genossenschaften. Ziel der Untersuchung ist es, die Rolle des Aufsichtsrats in der Unternehmensüberwachung bei Genossenschaften herauszuarbeiten und darauf aufbauend auf die existierenden Probleme einzugehen.

Ausgangspunkt dieser Untersuchung bildet die Einführung in die Bedeutung der Unternehmensform Genossenschaft mit seinen charakteristischen Merkmalen. Anschließend werden im dritten Kapitel einige Erscheinungsformen der Genossenschaft kurz erläutert. Die Darstellung der Corporate Governance in Genossenschaften erfolgt im vierten Kapitel. Im folgenden Abschnitt wird der Aufsichtsrat der Genossenschaften mit seiner Zusammensetzung, den Rechten und Pflichten, den Qualifikationsanforderungen und den Wesensmerkmalen näher erfasst. Eine empirische Erhebung der Untersuchung im Aufsichtsrat einer Genossenschaft wird im sechsten Kapitel einerseits dargestellt und auch ausgewertet. Die Absicht ist es, einen Einblick über die Besonderheiten und Probleme im Aufsichtsrat von Genossenschaften zu geben.

2. Einführung in die Bedeutung der Genossenschaft

2.1 Entstehung des Genossenschaftswesens

Ein genauer Entstehungsort oder ein festgelegter Zeitpunkt für die genossenschaftliche Idee ist nicht zu bestimmen.[1] Erste Formen der Genossenschaften tauchten dort auf, wo die rechtlichen, gesellschaftlichen und politischen Rahmenbedingungen wirtschaftliche Kooperationen befähigten. Bereits im alten Ägypten gab es Ansätze von Steuerpachtgenossenschaften für Wein- und Obstgärten und im antiken Griechenland sind frühe Formen von Bergbau- und Fischereigenossenschaften entstanden.[2] Diese Zusammenschlüsse waren meistens Zwangsorganisationen, die durch staatliche Gewalt entstanden sind. Sie hatten einen genossenschaftsähnlichen, aber keinen freiwilligen Charakter.[3]

Das heutige Genossenschaftswesen geht bis in das frühe Mittelalter zurück[4] und als Vorläufer moderner Genossenschaftsbildung sind sowohl die ländlichen Sippen-, Markt- und Deichgenossenschaften als auch die städtischen Gilden und Zünfte zu sehen.[5] Allerdings übten die Gilden und Zünfte starke Bindungen in allen Beziehungen und Bereichen des Lebens aus. Vorgaben für die Arbeitsweise, das Arbeitsmaß, Löhne und Anzahl der Beschäftigten bewirkten einen Zwang, ermöglichten aber auch eine Monopolstellung. Ziel war die Sicherheit und Gleichheit aller Mitglieder, um deren Wohlstand zu gewährleisten.[6]

In der Mitte des 19. Jahrhunderts entstanden die ersten modernen Genossenschaften in Deutschland. Die Ursache dafür war das wirtschaftliche und soziale Ungleichgewicht, welches durch den wirtschaftlichen Liberalismus mit der zunehmenden freien Konkurrenz entstand.[7] Eine Verschlechterung der wirtschaftlichen Situation vieler Bevölkerungskreise, besonders bei den Landwirten, Handwerkern und Arbeitern, kam durch die Auflösung des Zunftwesens und durch die Möglichkeit der Gewerbefreiheit. Somit entfaltete sich durch die

---

[1] Vgl. Beuthien/Dierkes/Wehrheim (2008), S. 155.
[2] Vgl. Eichwald/Lutz (2011), S. 29-30.
[3] Vgl. Faust (1965), S. 14.
[4] Vgl. Helios (2009), S. 2.
[5] Vgl. Winter (1982), S. 15-22.
[6] Vgl. Aschhoff/Hennigsen (1985), S. 16.
[7] Vgl. Steding (2006), S. 7.

Industrialisierung in Deutschland die Genossenschaftsideologie[8],während keine der früheren Formen der Kooperation die Industrialisierung überlebte.[9]

Die historische Genossenschaft unterscheidet sich von der modernen dahingehend, dass dies eine Ordnungsgemeinschaft mit einer Ordnungsfunktion war und nur eine Art Gemeinschaftsbewusstsein hatte. Wohin gehend die modernen Genossenschaften wirtschaftliche Gemeinschaften waren. Jedoch hatten beide Genossenschaften das Ziel, durch kollektive Verbindungen eine wirtschaftliche Stellung zu erreichen.[10]

Die modernen Genossenschaften existieren seit über 150 Jahren.[11] Erst durch das Reichsgesetz betreffend die Erwerbs- und Wirtschaftsgenossenschaften vom 01.05.1889 besteht die Unternehmensform Genossenschaft seit 123 Jahren, und große Veränderungen bzw. Anpassungen erfolgten erst mit den Genossenschaftsnovellen aus den Jahren 1973 und 2006.[12]

2.2 Genossenschaftsideologie

2.2.1 Genossenschaftsbegriff

In der genossenschaftswissenschaftlichen Literatur existieren verschiedene Ansätze für die Erläuterung des Begriffes Genossenschaft. Im rechtlichen Sinne ist der Begriff Genossenschaft nach § 1 des Genossenschaftsgesetz (GenG) folgendermaßen definiert:[13] „Gesellschaften von nicht geschlossener Mitgliederzahl, deren Zweck darauf gerichtet ist, den Erwerb oder die Wirtschaft ihrer Mitglieder oder deren soziale oder kulturelle Belange durch gemeinschaftlichen Geschäftsbetrieb zu fördern (Genossenschaften), erwerben die Rechte einer „eingetragenen Genossenschaft" nach Maßgabe dieses Gesetzes." In dieser Definition wird deutlich, dass der gemeinschaftliche Geschäftsbetrieb, das Förderungsprinzip gegenüber den Mitgliedern und die nicht geschlossene Mitgliederzahl besondere Merkmale der Genossenschaft sind.[14]

---

[8] Vgl. Helios (2009), S. 2.
[9] Vgl. Aschhoff/Henningsen (1985), S. 17.
[10] Vgl. Faust (1965), S. 24.
[11] Vgl. Helios (2009), S. 2-4.
[12] Vgl. Beuthien/Dierkes/Wehrheim(2008), S. 1.
[13] Vgl Gesetz betreffend die Erwerbs- und Wirtschaftsgenossenschaften vom 01.05.1889 (RGBl. S. 55), in der Fassung der Bekanntmachung vom 16. Oktober 2006 (BGBl. S. 2230)
[14] Vgl. Mändle (1989), S. 97.

Nach § 1 Abs. 1 GenG ist die Genossenschaft eine Körperschaft und besitzt in ihrem Aufbau die Organe der Generalversammlung bzw. Vertreterversammlung[15], des Vorstandes und des Aufsichtsrats. Sie ist keine Personengesellschaft im Sinne der §§ 705ff. BGB oder Kapitalgesellschaft im Sinne des § 264d HGB. Durch besondere reichsgesetzliche (bundesgesetzliche) Vorschriften nach § 22 BGB ist die eingetragene Genossenschaft (eG) ein wirtschaftlicher Verein. Die Rechtsfähigkeit erlangt die eG durch die Eintragung ins Genossenschaftsregister nach § 13 GenG und wird dadurch zu einer juristischen Person im Sinne des § 17 Abs. 1 GenG. Somit kann die eG Eigentum und andere dingliche Rechte an Grundstücken erwerben sowie vor Gericht klagen und verklagt werden. Der Förderzweck nach § 1 Abs. 1 GenG ist eine gesetzlich zweckgebundene Vereinigungsform. Verfolgt eine eG die nichtgenossenschaftlichen Zwecke, so kann sie nach § 81 GenG durch ein Gerichtsurteil aufgelöst werden.[16] Die genossenschaftlichen Grundprinzipien der Selbsthilfe, Selbstverwaltung und Selbstverantwortung spiegeln sich im Genossenschaftsgesetz wider und zeigen, wie stark die sozialen Kräfte auf die Gesetzgebung einwirken.[17]

2.2.2 Genossenschaftsgedanke

Der Genossenschaftsgedanke oder auch die Idee der Genossenschaft, wird oft in der Literatur als „Wirtschaftsgesinnung", als „Gestaltungsprinzip" oder als „Leitbild" bezeichnet. Es ist die Idee einer förderzweckorientierten Vereinigung von Menschen, die eine gemeinsame solidarische Wirtschaftsanschauung vereint.[18] Die Verbindung zu einer Genossenschaft soll den einzelnen Mitgliedern durch einen gemeinschaftlichen Geschäftsbetrieb dem wirtschaftlichen Überleben dienen und vor dem finanziellen Risiko bewahren.[19] Es ist die Absicht, einen wirtschaftlichen Nutzen im Kollektiv zu erhalten, der durch die Förderung eines jeden Einzelnen ermöglicht wird.[20] Der uralte Grundgedanke der Kooperation ist die Zusammenarbeit. Nur im Kollektiv können wirtschaftliche Ziele eines Einzelnen erreicht werden. Die gemeinsamen Ziele und Interessen führen zu einem organisatorischen Zusammenhalt und sind ein Wesensmerkmal von genossenschaftlichen Vereinigungen.[21]

---

[15] Vgl. bei Genossenschaften mit mehr als 1500 Mitgliedern kann nach §43a, die Generalversammlung aus Vertretern der Mitglieder bestehen.
[16] Vgl. Beuthien/Dierkes/Wehrheim (2008), S. 1.
[17] Vgl. Steding (1994), S. 23.
[18] Vgl. Steding (2006), S. 8.
[19] Vgl. Beuthien/Dierkes/Wehrheim (2008), S. 156.
[20] Vgl. Aschhoff /Henningsen (1985), S. 110.
[21] Vgl. Faust (1965), S. 58.

Der Genossenschaftsgedanke hat seine Wurzeln beim Vordenken des schweizerischen Sozial-pädagogen Johann Heinrich Pestalozzi (1746-1827), von Robert Owen (1771-1858) und Wilhelm King (1786-1865) aus England, Charles Fourier (1772-1837) und Luis Blanc (1813-1882) aus Frankreich sowie des deutschen Sozialpolitikers Victor Aimé Huber (1800-1869).[22] Besonders in Deutschland zur zweiten Hälfte des 19. Jahrhunderts legte sowohl bei ländlichen Genossenschaften Friedrich Wilhelm Raiffeisen als auch bei den Handwerkern und Kleingewerbetreibenden Hermann Schulze-Delitzsch das geistige Fundament des Genossenschaftswesens.[23] Sie sahen die Genossenschaft nicht nur als Institution zur Unterstützung der schwachen Bevölkerungsschichten, sondern als Vereinigung mit dem Ziel, den gesellschaftlichen Frieden durch die Übernahme von Bildungs- und Entwicklungsaufgaben zu sichern.

Somit ist der Genossenschaftsgedanke besonders von einem sozialethischen Gehalt geprägt und wurde von den sozialpolitischen Spannungen im 19. Jahrhundert beeinflusst.[24] Denn soziale Krisen, soziale Gruppengegensätze und Phasen der sozialen Not sind eine ideale Voraussetzung für ökonomische Kooperationen.[25] Zusammenfassend beinhaltet der Genossenschaftsgedanke die Bewältigung von ökonomischen und gesellschaftlichen Angelegenheit im Kollektiv unter Bewahrung der Individualität eines Mitglieds und ist noch heute ein Grundziel der Genossenschaften.[26]

2.2.3 Genossenschaftswerte

In der Literatur ergeben sich verschiedene Ansätze der Bedeutung von Werten. Mit dem Begriff Werte nach Horn werden die „bewussten oder unbewussten Orientierungsstandards und Leitvorstellungen, von denen sich Individuen oder Gruppen bei ihrer Handlungswahl leiten lassen", bezeichnet.[27] Unter Werte wird in der Moralphilosophie ein System von Aussagen verstanden, das sich in bestimmter Weise auf menschliches Verhalten bezieht. Wertevorstellung als ein Komplex zu erfassen, wird auch als Ideologie bezeichnet, welche den Rahmen zur Orientierung vom praktischen Handeln geben soll. Werte sind an einem Endziel von

---

[22] Vgl. Steding (2006), S. 8.
[23] Vgl. Beuthien/Dierkes/Wehrheim (2008), S. 1.
[24] Vgl. Helios (2009), S. 2.
[25] Vgl. Brazda/Schediwy (1997), S. 13.
[26] Vgl. Grosskopf/Münkner/Ringle (2009), S. 13.
[27] Vgl. Göbel (2010), S. 155.

menschlichem Handeln orientiert, und geben ideologisch eine Anleitung für faires und erstrebenswertes Handeln.[28]

Die Werte der Genossenschaften beruhen auf der Selbsthilfe, Demokratie, Selbstverantwortung, Gerechtigkeit, Gleichheit und Solidarität. Ergänzt werden sie durch Ehrlichkeit, Offenheit, Fürsorge für andere und soziale Verantwortung.[29] Die Gründung und die Tätigkeit einer Genossenschaft beruht auf den Werten und Prinzipien des genossenschaftlichen Gedankens und sind eines der charakteristischen Merkmale von Genossenschaften. Jedoch stehen diese der Genossenschaft in einer ständigen Diskussion und sind stets geprägt vom Wandel der Interpretation.[30]

In der aktuellen Kampagne der Genossenschaftlichen Finanz Gruppe Volksbanken Raiffeisenbanken werden die Genossenschaftswerte als Solidarität, Genossenschaftlichkeit, Fairness, Partnerschaftlichkeit, Verantwortung und Nähe interpretiert.[31] Es wird dabei deutlich, dass die Genossenschaftswerte an die jeweilige Genossenschaftsart angepasst werden und durch die Auswirkungen der Finanzkrise die genossenschaftlichen Werte eine stärkere Beachtung in der Öffentlichkeit erfahren.[32]

2.2.4 Prinzipien der Genossenschaft

Die bedeutsamsten Komponenten des Wertebestandes von Genossenschaften sind die Prinzipien der Genossenschaft. Diese wurden bereits von den Gründungsvätern des Genossenschaftsgedankens ab der Mitte des 19. Jahrhunderts verbreitet. Die Wertevorstellungen, Leitgedanken, Normen und Grundsätze sollten eine Anleitung für generationsübergreifendes genossenschaftliches Handeln sein und für einer mitgliederbezogenen Struktur dienen.[33] Andeutungsweise setzen sich aus den Zielen und den Werten des genossenschaftlichen Handels die Grundprinzipien zusammen. Auf ein Prinzip reduziert, ist die kooperative Form der Genossenschaft eine Vorgehensweise, die der Erlösung aus der Abhängigkeit sachlich-materieller, sozialer und politischer Art dient und gemeinschaftliches Handeln als Voraussetzung sieht.[34]

---

[28] Vgl. Laurinkar/Brazda (1990), S. 70.
[29] Vgl. http://www.ica.coop/coop/principles.html, Stand 15.04.2012.
[30] Vgl. Eichwald/Lutz (2011), S. 41.
[31] Vgl. http://www.werte-schaffen-werte.de/unsere-werte.html, Stand 15.04.2012.
[32] Vgl. Eichwald/Lutz (2011), S. 42.
[33] Vgl. Ringle (2007), S. 5ff.
[34] Vgl. Laurinkari/Brazda (1990), S. 70.

Als alleiniger Unternehmenszweck[35], als das zentrale Unternehmensziel[36] und als einziger, gesetzlicher Zweck der Genossenschaft[37] wird das Förderprinzip oder der Förderauftrag gesehen.[38] Die Förderung der Mitglieder ist die Basis der Unternehmensphilosophie der Genossenschaft und stellt das Wesen ihres Unternehmensleitbildes dar. Die Förderung der Genossenschaftsmitglieder ist auf lange Sicht ausgerichtet. Eine generationsübergreifende Mitgliederförderung steht im Mittelpunkt jeder Genossenschaftspolitik und wird als Dauerauftrag der Mitglieder wahrgenommen.[39] Durch einen gemeinschaftlichen Geschäftsbetrieb in einer Genossenschaft soll das einzelne Mitglied vor dem finanziellen Risiko bewahrt und ein wirtschaftliches Überleben ermöglicht werden. Somit ist das Förderprinzip ein absolutes Wesensprinzip.[40] In der Literatur wird das Förderprinzip als zentrales genossenschaftliches Grundprinzip[41], aber auch als Grundauftrag[42] oder als oberste Leitmaxime[43] bezeichnet.

Festzustellen ist, dass das primäre Ziel einer Genossenschaft die Erfüllung des Förderauftrags ist und dieser nur durch die Erzielung von Gewinnen realisiert werden kann. Die Orientierung erfolgt nicht auf eine Profitmaximierung, wie bei Kapitalgesellschaften, sondern auf einen fördernotwendigen Gewinn. Dieser Gewinn dient der Sicherung, Entwicklung und dem Fortschritt der Genossenschaft.[44]

Neben dem Grundprinzip der Genossenschaft hat der Internationale Genossenschaftsbund (ICA) Richtlinien für die Umsetzung von genossenschaftlichen Prinzipien für die Praxis erstellt. Diese gliedern sich wie folgt auf:[45]

- Grundsatz 1   freiwillige und offene Mitgliedschaft
- Grundsatz 2   demokratische Entscheidungsfindung durch die Mitglieder
- Grundsatz 3   wirtschaftliche Mitwirkung der Mitglieder
- Grundsatz 4   Autonomie und Unabhängigkeit
- Grundsatz 5   Ausbildung, Fortbildung und Information

---

[35] Vgl. Beuthien/Dierkes/Wehrheim (2008), S. 156.
[36] Vgl. Volz (2011), S. 290.
[37] Vgl. Steding (1998), S. 13-14.
[38] Vgl. Volz (2011), S. 290.
[39] Vgl. Grosskopf/Münkner/Ringle (2009), S. 62.
[40] Vgl. Beuthien/Dierkes/Wehrheim (2008), S. 156.
[41] Vgl. Volz (2011), S. 290.
[42] Vgl. Schulte (2006), § 1 Rdnr. 2.
[43] Vgl. Grosskopf/Münkner/Ringle (2009), S. 62.
[44] Vgl. Grosskopf/Münkner/Ringle (2009), S. 74.
[45] Vgl. http://www.ica.coop/coop/principles.html, Stand 15.04.2012.

- Grundsatz 6   Kooperation mit anderen Genossenschaften
- Grundsatz 7   Vorsorge für die Gemeinschaft der Genossenschaft

Grundsätzlich werden die Prinzipien der ICA auch mit den Schlüsselwörtern Selbsthilfe, Selbstverwaltung und Selbstverantwortung in Verbindung gebracht und prägen die grundsätzlichen Merkmale von Genossenschaften.[46] Jedoch stehen die Genossenschaftsprinzipien, genauso wie die Genossenschaftswerte in einem stetigen Wandel der Interpretation. Sie sind einem intensiven und konstruktiven Meinungsaustausch von Genossenschaftsexperten ausgesetzt. Die Prinzipien werden verändert, angepasst, hinterfragt und teilweise abgeschafft.[47] Für die einzelnen Genossenschaftsformen existieren eigene Prinzipienkataloge. Diese werden als Rockdale-, Raiffeisen- und Schulze-Delitzsch-Prinzipien bezeichnet.[48] Auch wenn die Prinzipien der einzelnen Genossenschaftsformen unterschiedlich sind und an die jeweilige Branche angepasst wurden, ist die Verwaltung der Genossenschaft durch ihre Mitglieder und die Mitgliederhaftpflicht jedoch in allen Prinzipienkatalogen enthalten.[49] Neben dem Grundprinzip des Förderauftrages existieren weitere genossenschaftliche Prinzipien, die sich in zahlreichen Bestimmungen des GenG widerspiegeln.[50]

Die Prinzipien Selbsthilfe, Selbstverantwortung und Selbstverwaltung werden auch als die drei S-Prinzipien bezeichnet. Ergänzt werden diese durch das Identitätsprinzip.[51] Diese Prinzipien treten in der Literatur als Strukturprinzipien auf und stellen das Grundgerüst der Genossenschaft dar.[52] Zusätzlich existieren die variablen Verfahrensprinzipien, welche die Richtlinien für das operative Geschäft in der Genossenschaft angeben[53] und die als Verhaltensnormen der Geschäftspolitik im Sinne des Genossenschaftsgedankens gelten.[54]

2.2.4.1   Selbsthilfeprinzip

Das Selbsthilfeprinzip ist die Unterstützung des Einzelnen im Kollektiv.[55] Hilfe vom Staat oder von karitativen Einrichtungen wird abgelehnt, um Lösungen als Gemeinschaft selbst zu finden. Durch den Zusammenschluss Gleichgesinnter werden die Kräfte gebündelt, um so die

---

[46] Vgl. Higl (2008), S 8.
[47] Vgl. Lauinkari/Brazda (1990), S. 70.
[48] Vgl. Ringle (2007), S. 5ff.; Lauinkari/Brazda (1990); S. 70. und Higl (2008), S.6.
[49] Vgl. Ringle (2007), S. 7
[50] Vgl. Helios (2009), S. 14 Rdnr. 18.
[51] Vgl. Grosskopf/Münkner/Ringle (2009), S. 19.
[52] Vgl. Beuthien/Dierkes/Wehrheim(2008), S. 156.
[53] Vgl. Ringle (2007), S. 9.
[54] Vgl. Beuthien/Dierkes/Wehrheim (2009), S.158.
[55] Vgl. Grosskopf/Münkner/Ringle (2009), S. 19.

wirtschaftliche Lage eines Einzelnen zu verbessern.[56] Dadurch werden Synergieeffekte realisiert[57] und es entsteht ein Kreislauf der Selbstförderung.[58]

2.2.4.2   Selbstverwaltungsprinzip

Auf der Grundlage des demokratischen Selbstverwaltungsprinzips werden Entscheidungen durch alle Mitglieder getroffen.[59] Die Mitglieder nehmen die Geschicke der Genossenschaft selbst in die Hand.[60] Die eigenen Angelegenheiten regeln die Mitglieder durch Kontroll- und Verwaltungsrechte nach dem GenG. Ziel des Selbstverwaltungsprinzips ist die Beteiligung der Mitglieder an der Verwaltung der Genossenschaft.[61] Eine Fremdverwaltung wird kategorisch abgelehnt, denn durch den Zusammenschluss erhalten die Mitglieder gleiche Rechte und Pflichten.[62] Das Prinzip der Selbstverwaltung weist die folgenden Merkmale auf:

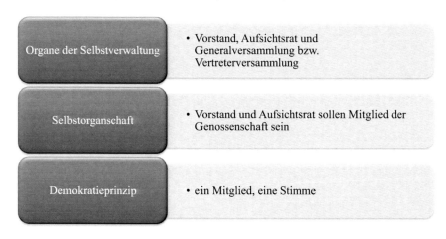

Abbildung 1: Merkmale des Prinzips der Selbstverwaltung. In Anlehnung an: Eichwald/Lutz (2011), S. 47.

Es zeigt sich, dass die Mitglieder die Unternehmenspolitik selbst mitbestimmen und nach § 48 Abs. 1 GenG in der Generalversammlung bzw. Vertreterversammlung die Verwendung des Gewinns beschließen können.[63] Die Generalversammlung bzw. die Vertreterversammlung ist die höchste Autorität in der Genossenschaft, in der die Mitglieder alle Belange und Entschei-

---

[56] Vgl. Eichwald/Lutz (2011), S. 44.
[57] Vgl. Beuthien/Dierkes/Wehrheim (2008), S. 157.
[58] Vgl. Helios (2009), S. 14 Rdnr. 19.
[59] Vgl. Lüke (2001), S. 78.
[60] Vgl. Eichwald/Lutz (2011), S. 46.
[61] Vgl. Helios (2009), S. 14 Rdnr. 20.
[62] Vgl. Grosskopf/Münker/Ringle (2009), S. 20.
[63] Vgl. Grosskopf/Münkner/Ringle(2009), S. 20.

dung treffen.[64] Zum Selbstverwaltungsprinzip gehört auch die Personalhoheit der Mitglieder. Sie wählen und berufen die Vorstands- und Aufsichtsratsmitglieder bzw. können diese abwählen und abberufen.[65] Die Organe der Genossenschaft setzen sich gemäß § 9 GenG (Selbstorganschaft) aus Mitgliedern zusammen, und in der Satzung werden die Regularien für die Mitgliederversammlung und Mitgliederinformation festgelegt.[66]

2.2.4.3 Demokratieprinzip

Neben dem Selbstverwaltungsprinzip reiht sich das Demokratieprinzip ein. Ohne das Prinzip, „ein Mitglied, eine Stimme" nach § 43 GenG, können die Mitglieder nicht ihre Entscheidungs- und Kontrollrechte ausüben.[67] Jedes Mitglied kann sich durch seine Stimme unabhängig von der Höhe seiner Kapitalbeteiligung demokratisch am genossenschaftlichen Entscheidungs- und Willensbildungsprozess beteiligen.[68] Die persönliche Gleichheit spiegelt sich im Demokratieprinzip wider, indem alle Mitglieder dieselben Rechte und Pflichten haben.[69] Aufgrund des Demokratieprinzips haben die Mitglieder die Freiheit, sich an den Gremien der Selbstverwaltung zu beteiligen. Gemäß § 43 GenG gilt nicht nur das Mehrheitsprinzip[70] bei Abstimmungen, sondern auch die Untersagung der Stimmrechtsübertragung.[71] Zusammenfassend ist das Demokratieprinzip gekennzeichnet durch eine direkte Beteiligung an der internen Willensbildung[72] und stellt einen partizipatorischen Prozess dar, der erst durch das Mitwirken eines jeden Mitgliedes gewährleistet wird.[73] Indem das Mitglied im Fokus steht, ergibt sich die Dominanz des personalen Elements der Genossenschaft.[74]

2.2.4.4 Selbstverantwortungsprinzip

Beim Selbstverantwortungsprinzip stehen die Mitglieder persönlich für ihr Handeln ein. Sie haften solidarisch für alle Angelegenheiten und Verbindlichkeiten der Genossenschaft.[75] Die Eigenverantwortlichkeit der Mitglieder steht im Vordergrund, indem sich die Mitglieder aktiv an der Organisation beteiligen und die gemeinsamen Interessen nach Innen und Außen be-

---

[64] Vgl. Mändle (1992), S. 510.
[65] Vgl. Helios (2009), S. 14 Rdnr. 20.
[66] Vgl. Grosskopf/Münkner/Ringle (2009), S. 20.
[67] Vgl. Beuthien/Diekes/Wehrheim (2009), S.157.
[68] Vgl. Zerche et al. (1998), S. 122.
[69] Vgl. Helios (2009), S. 15 Rdnr. 23.
[70] Nach 43 Abs. 2 und Abs. 3 GenG kann die Satzung auch eine abweichende Regelung treffen und Voraussetzung für die Gewährung von Mehrstimmrechten bestimmen.
[71] Vgl. Kluge (1991), S. 20-21.
[72] Vgl. Grosskopf/Münkner/Ringle (2009), S. 20.
[73] Vgl. Kluge (1991), S. 20-21.
[74] Vgl. Aschhoff/Henningsen. (1985), S. 113.
[75] Vgl. Beuthien/Dierkes/Wehrheim (2009), S. 157.

stimmen.[76] Die Mitglieder haften mit ihrem eingezahlten Geschäftsguthaben gemäß § 23 GenG. Sie können jedoch einer beschränkten oder unbeschränkten Nachschusspflicht gemäß § 6 GenG unterzogen werden, wenn das die jeweilige Satzung vorsieht.[77] Die satzungsmäßig bestimmte Nachschusspflicht ist die persönliche Haftung der Mitglieder in der Insolvenz der Genossenschaft und stellt zugleich eine Besonderheit in der Genossenschaft dar.[78] Somit übernehmen die Mitglieder, die Verantwortung durch eine satzungsmäßige Haftung, um genossenschaftsschädliches Verhalten auszuschließen. Ihre Mitverantwortung erhält einen gewichteten Stellenwert. Die Haftungspflicht verbindet die Mitglieder bei der Ausübung ihrer Rechte und Pflichten und gibt der Genossenschaft finanzielle Stabilität bei einer unbeschränkten Haftung.[79]

2.2.4.5 Identitätsprinzip

Das Identitätsprinzip ist die Kongruenz zwischen Mitglied und Leistungsempfänger, welches die Grundvoraussetzung für den Förderauftrag einer Genossenschaft darstellt.[80] Die Mitglieder stehen in einer doppelten Beziehung zur Genossenschaft. Zum einen als Eigenkapitalgeber mit dem Recht der Entscheidung und Kontrolle. Zum anderen als Kunde, der die Leistung der Genossenschaft in Anspruch nimmt.[81] Nur die Mitglieder können und dürfen die Leistungsangebote wahrnehmen.[82] Nichtmitglieder sind vom Geschäftsverkehr mit der Genossenschaft ausgeschlossen.[83] Zusammengefasst geht das Identitätsprinzip aus dem Förderprinzip hervor. Es umschließt die genossenschaftlichen Prinzipien der Selbsthilfe, Selbstverwaltung und Selbstverantwortung und soll keinen Raum für den Einfluss von nutzerfremden Kapitalinteressen ermöglichen.[84]

Die genossenschaftlichen Prinzipien sind das Grundgerüst der Genossenschaft. Jedoch ist strittig, ob die Prinzipien in ihrer Umsetzung praktikabel sind. Genossenschaften stehen im Wettbewerb zu anderen Unternehmensformen und müssen sich im Konkurrenzverhältnis be-

---

[76] Vgl. Grosskopf/Münkner/Ringle (2009), S. 21.
[77] Vgl. Beuthien/Dierkes/Wehrheim (2009), S. 157.
[78] Vgl. Eichwald/Lutz (2011), S. 48.
[79] Vgl. Grosskopf/Münkner/Ringle (2009), S. 21.
[80] Vgl. Kluge (1991), S. 19.
[81] Vgl. Beuthien/Dierkes/Wehrheim (2009), S. 157.
[82] Vgl. Grosskopf/Münkner/Ringle (2009), S. 21.
[83] Vgl. Helios (2009), S. 16 Rdnr. 24.
[84] Vgl. Beuthien/Dierkes/Wehrheim (2009), S. 157.

haupten. Es ist für Genossenschaften im Zuge der Globalisierung eine Herausforderung, die Grundprinzipien der Genossenschaft einzuhalten und sie an die Gegebenheiten anzupassen.[85]

2.3 Stellenwert in der Wirtschaft

Die Wirtschaft ist geprägt durch die Chancen und Risiken der Globalisierung. Die Auswirkungen der Globalisierung und die Folgen beeinflussen die Wirtschaft. Vor der Finanzkrise 2008 herrschte eine globale Aktieneuphorie und die bedingungslose Ausrichtung der Wirtschaft am Shareholder Value. Der Stellenwert des genossenschaftlichen Gedankens wirkte altmodisch und die Unternehmensform Genossenschaft war im Zuge der weitverbreiteten Unternehmensform Kapitalgesellschaft eine Art Auslaufmodell.[86] In der Ausgabe der Financial Times Deutschland vom 25. Oktober 2011 lautet die Überschrift „Gleich gestimmte auf dem Vormarsch". Die Unternehmensform Genossenschaft steht in einem neuen Fokus. Die Wirkung der Genossenschaft auf die Wirtschaft hat sich gewandelt, auch im Zuge der Finanzkrise.[87] Die öffentliche Wahrnehmung der Genossenschaften entspricht aber nicht der international ökonomischen und sozialen Bedeutung. Weiterhin stehen global agierende börsennotierte Unternehmen im Vordergrund der öffentlichen Wahrnehmung,[88] obwohl weltweit ca. 800 Millionen Menschen Mitglied in einer Genossenschaft sind.[89] In Argentinien gibt es über 17.941 Genossenschaften mit 9,1 Millionen Mitgliedern und jeder dritte Einwohner in Kanada ist Mitglied in einer Genossenschaft. In Kolumbien sind über 8% der Einwohner Mitglied in einer Genossenschaft. Jede dritte Familie in Japan ist Genossenschaftsmitglied. Mitglied in einer Genossenschaft in Indien sind 239 Millionen Menschen und in den USA gehören ein viertel der Bevölkerung einer Genossenschaft an.[90] Die Genossenschaften in Brasilien vermarkten 72% der Getreideproduktion und in Finnland werden nahezu 100% der Milchprodukte von Genossenschaften vertrieben. In Norwegen wird fast die gesamte Milchproduktion von Genossenschaften verarbeitet und vermarktet und in Kuwait ist der Einzelhandel zu 80% genossenschaftlich organisiert.[91] Über 140 Millionen Menschen in der europäischen Union sind in einer von 300.000 Genossenschaften Mitglied.[92]

---

[85] Vgl. Lauinkari/Brazda (1990), S. 75-76.
[86] Vgl. Hanisch (2002), S. 202.
[87] Vgl. Groth (2011), S. A1.
[88] Vgl. Eichwald/Lutz. (2011), S. 15.
[89] Vgl. Grosskopf/Münkner/Ringle (2009), S. 23.
[90] Vgl. http://www.genossenschaften.de/genossenschaften-weltweit, Abruf 13.05.2012.
[91] Vgl. http://www.genossenschaften.de/genossenschaften-weltweit, Abruf 13.05.2012.
[92] Vgl. Grosskopf/Münkner/Ringle (2009), S. 23.

Speziell in Deutschland haben Genossenschaften einen großen Stellenwert im ökonomischen Leben.[93] Jeder vierte Einwohner in Deutschland ist Mitglied einer Genossenschaft und bei über 7.600 genossenschaftlichen Unternehmen sind ca. 20,7 Millionen Menschen Teilhaber.[94] Dagegen sind nur 4,1 Millionen Menschen in Deutschland Aktionäre. Ihr Anteil an der Gesamtbevölkerung beträgt 13,4%.[95] Im Einzelhandel sind REWE und EDEKA genossenschaftlich organisiert und gemessen am Gesamtumsatz sind beide die größten Lebensmittelhandelsunternehmen in Deutschland.[96] Im Finanzsektor agieren die Volksbanken, Raiffeisenbanken und Sparda-Banken als Kreditgenossenschaften mit ihren Produkten und haben zusammen einen Marktanteil von 25%.[97]

Die Jahressteuerbescheinigung bzw. der Gehaltsnachweis wird von der DATEV, einer Genossenschaft für Steuerberater, Wirtschaftsprüfer und Rechtsanwälte sowie deren Mandanten, durchgeführt.[98] In der Hotelbranche sind die Best Western Hotels genossenschaftlich aufgebaut.[99] Die Vergabe von Internetadressen in Deutschland wird durch die Genossenschaft DENIC eG ausgeführt.[100]

Im Bereich der Neugründung von Genossenschaften erhält die Unternehmensform eine Art Renaissance. In den Sektoren Wohnungsbau, Kreditwesen, Landwirtschaft, Konsum und Gewerbe sind die Genossenschaften stark verbreitet. Aktuell gründen sich im Bereich Umwelt, Energiewirtschaft und Wasserversorgung neue Genossenschaften, aber auch im Dienstleistungssektor, Gesundheitswesen und im Einzelhandel. Viele Freiberufler, Selbstständige und Kreative aus der Werbebranche finden in der Unternehmensform eine Alternative zu gängigen Geschäftsmodellen, die in der Finanzkrise in die Kritik geraten sind.[101] In der Abbildung 2 wird deutlich, dass ein starker Anstieg von Neugründungen bei Genossenschaften zu verzeichnen ist.

---

[93] Vgl. Beuthie/Dierkes/Wehrheim (2008), S. 160.
[94] Vgl. Grosskopf/Münkner/Ringle (2009), S. 23, Stappel (2011), S. 3.
[95] Vgl. http://www.manager-magazin.de/finanzen/boerse/0,2828,808686,00.html, Abruf 13.05.2012.
[96] Vgl. Stappel (2011), S.
[97] Vgl. http://www.dzbank.de, Abruf 13.05.2012.
[98] Vgl. http://www.datev.de/portal/ShowPage.do?pid=dpi&nid=2155, Abruf 13.05.2012.
[99] Vgl. Eichwald/Lutz (2011), S. 17.
[100] Vgl. http://www.denic.de/hintergrund/geschichte-der-denic-eg.html, Abruf 13.05.2012.
[101] Vgl. Groth (2011), S. 1.

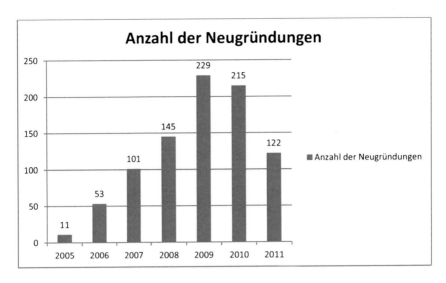

Abbildung 2: Anzahl der Neugründungen. In Anlehnung an: Groth (2011), S. 1.

3. Ausgewählte Erscheinungsformen der Genossenschaften

3.1 Kreditgenossenschaften

Die Genossenschaftsform mit der höchsten Anzahl von Mitgliedern ist die der Kreditgenossenschaften. Zu ihr gehören die Volksbanken, Raiffeisenbanken, Post-Spar und Darlehnsverein-Banken (PSD-Banken) und Sparda-Banken. Der Ursprung der Kreditgenossenschaften war die Selbsthilfe zur Kreditbeschaffung für Landwirte und Gewerbetreibende. Heute hingegen sind Kreditgenossenschaften Universalbanken, die ein breites Portfolio von Finanzdienstleistungen anbieten.[102] Sie sind flächendeckend in ganz Deutschland vertreten und ihre besonderen Stärken sind die genauen Informationen des Marktes und der persönliche Kontakt zu den Kunden auf regionaler Ebene.[103] Ihre Kreditvergabe erhöhte sich um 4,5% auf 435 Mrd. Euro im Jahr 2011 und sie konnten im Kreditgeschäft einen Marktanteil von 13,1% ausbauen. Die 1121 Volks- und Raiffeisenbanken mit ihren 30 Millionen Kunden, von denen 17 Millionen Genossenschaftsanteile haben, sind nach den Sparkassen der zweitgrößte Kreditgeber am deutschen Markt.[104]

3.2 Konsumgenossenschaften

Das Ziel von Konsumgenossenschaften besteht darin, der Bevölkerung ein vielfältiges Angebot von preisgünstigen Konsumgütern des täglichen Bedarfs zur Verfügung zu stellen. Besonders in ländlichen Regionen versorgen die Konsumgenossenschaften die Bevölkerung, in die sich die großen LEH-Unternehmen zurückgezogen haben.[105] Sie stellen eine besondere Form der Genossenschaft im Einzelhandel dar und die Coop-Genossenschaften[106] sind bedeutende Vertreter der Konsumgenossenschaften.[107]

3.3 Wohnungsbaugenossenschaften

Ziel von Wohnungsbaugenossenschaften, die auch Bauverein oder Baugenossenschaft genannt werden, ist die Bereitstellung von Wohnraum für die Mitglieder.[108] Ursprünglich wurden Wohnungsbaugenossenschaften konzipiert für eine Zielgruppe, die sich durch sehr geringe finanzielle Mittel keine Wohnungen zur Miete oder zum Erwerb leisten konnten. Basierend auf den genossenschaftlichen Prinzipien sollte das existentiell notwenige Gut Wohnraum

---

[102] Vgl. Beuthien/Dierkes/Wehrheim (2008), S. 160-161.
[103] Vgl. Eichwald/Lutz (2011), S. 75.
[104] Vgl. Lebert (2012), S. 1.
[105] Vgl. Eichwald/Lutz (2011), S. 81.
[106] Vgl. http://www.alles.coop/, Abruf 24.07.2012.
[107] Vgl. Beuthien/Dierkes/Wehrheim. (2008), S. 161.
[108] Vgl. Schlelein 2007, S.19.

den Mitglieder zur Verfügung gestellt werden.[109] Der Wohnraum sollte preisgünstig sein, damit Wohnungsbaugenossenschaften private Haushalte fördern können.[110] Als Selbsthilfeeinrichtung verbessern die Wohnungsbaugenossenschaften die Wohnverhältnisse. Ihre Arbeit ist nicht nur darauf begrenzt Wohnungen zu erbauen und zu bewirtschaften, sondern diese auch zu modernisieren und in Stand zu halten.[111] Durch die Mitgliedschaft und durch die Annahme der Nutzungsverträge für eine Wohnung erhält das Mitglied nicht nur einen unbegrenzten Kündigungsschutz, sondern auch die Gewährleitung für Sanierungen und Modernisierungen der Wohnungen.[112] Die Mitgliedschaft in einer Wohnungsbaugenossenschaft hat einen typischen genossenschaftlichen Charakter. Auf der einen Seite ist das Mitglied Teilhaber der Genossenschaft und kann über das Organ der General- bzw. Vertreterversammlung auf demokratischem Wege über die Aktivitäten der Genossenschaft mitbestimmen. Auf der anderen Seite ist das Mitglied gleichzeitig auch Kunde der Genossenschaft und kann alle Leistungen in Anspruch nehmen.[113] Aktuell gehören den ca. 2000 Wohnungsbaugenossenschaften knapp 11% aller Mietwohnungen in Deutschland.[114] Die Wohnräume liegen in begehrten Stadtvierteln, besonders in den wachsenden Metropolen wie München, Hamburg, Berlin oder Frankfurt. Der Ansturm von Wohnungssuchenden führt zum Bespiel in Hamburg dazu, dass Wohnungsbaugenossenschaften keinen Leerstand mehr haben[115] und in Berlin die Genossenschaften durch die Hohe Nachfrage bis zu 600 neue Wohnungen bauen wollen.[116] In der Abbildung 3 ist zu erkennen, dass ca. 50% aller Wohnungsbaugenossenschaften unter 500 Wohnungen besitzen und somit sehr viele kleine Wohnungsbaugenossenschaften existieren. Nur knapp 4% der Wohnungsbaugenossenschaften haben mehr als 5000 Wohnungen in ihrem Bestand.

---

[109] Vgl. Opalka (2001), S. 48.
[110] Vgl. Eichwald/Lutz (2011), S. 86.
[111] Vgl. Aschhoff/Henningsen (1985), S. 103-105.
[112] Vgl. Opalka (2001), S. 45.
[113] Vgl. Schlelein (2007), S. 20.
[114] Vgl. Eichwald/Lutz (2011), S. 86.
[115] Vgl. Sommer (2011), S. 6.
[116] Vgl. Mundt (2012), S. 15.

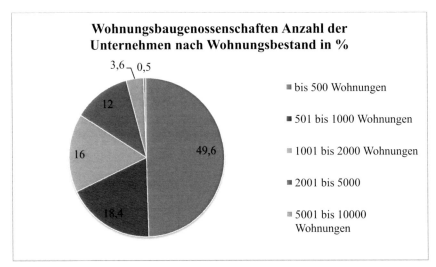

Wohnungsbaugenossenschaften Anzahl der Unternehmen nach Wohnungsbestand in %

- bis 500 Wohnungen
- 501 bis 1000 Wohnungen
- 1001 bis 2000 Wohnungen
- 2001 bis 5000
- 5001 bis 10000 Wohnungen

Abbildung 3: Wohnungsbaugenossenschaften. In Anlehnung: Sommer (2011), S. 6.

Die Wohnungsbaugenossenschaften achten auch auf die Existenz eines sozialen Netzes der Mieter[117] und versuchen, sich den Herausforderungen des demografischen Wandels zu stellen, indem sie ihren Mitglieder Mehrgenerationshäuser, Concierge-Service und altersgerechtes Wohnen anbieten.[118] Außerdem erstreckt sich der Tätigkeitsbereich nicht nur in der Bereitstellung von Wohnraum, sondern auch in dem Betrieb von Spareinrichtungen oder von Gemeinschaftseinrichtungen für die Mitglieder.[119] Zusammenfassend sind Wohnungsbaugenossenschaften eine Sicherheit zur Wahrung des existentiellen Guts Wohnraum und stellen eine Fortsetzung eines eigennutzbestimmten Verhaltens im Kollektiv dar.[120]

3.4 Energiegenossenschaften

Im Bereich Umwelt, Energie und Wasser entstanden in den letzten Jahren viele Genossenschaften. Im Jahre 2010 wurden 215 Genossenschaften neu gegründet, davon sind 111 im Bereich Umwelt, Energie und Wasser.[121] Bei den privaten Haushalten stieg die Nachfrage nach Strom bzw. Wärme aus erneuerbaren Energien. Die Unsicherheit der Energieversorgung, die immer stärkere Abhängigkeit von Heizöl und fossilen Energieträgern, aber auch das wachsende Umweltbewusstsein führten zu einer starken Nachfrage der Genossenschaften

---

[117] Vgl. Eichwald/Lutz (2011), S. 86.
[118] Vgl. Haimann (2012), S. 12.
[119] Vgl. Schlelein (2007), S. 19.
[120] Vgl. Opalka (2001), S. 49 bis 50.
[121] Vgl. Groth (2011), S. 1.

nach erneuerbaren Energien, die eine Alternative zum nachhaltigen Umwelt- und Klimaschutz darstellen.[122] Um sich von den konventionellen Energieversorgern unabhängig zu machen, erbauen die Genossenschaften Blockheizkraftwerke oder Biogasanlagen, errichten Windräder und installieren Fotovoltaikanlagen.[123] Gleichzeitig werden Fernwärmenetze betrieben und ganze Bioenergiedörfer gegründet.[124] Die Neugründung wird durch eine Art Lokalpatriotismus unterstützt, indem das Geld der Bürger für Strom vor Ort genutzt werden soll um nicht die Kassen der Strom- und Gaskonzerne zu füllen. Energiegenossenschaften sind eine Art Wertegemeinschaft, die das Ziel haben, regionale und umweltfreundliche Energieversorgung aufzubauen.[125] Das genossenschaftliche Konzept fördert den Aufbau sozialer Netzwerke zwischen den Mitgliedern und führt zur Bündelung von Bürgerinteressen.[126]

3.5 Neue Erscheinungsformen der Genossenschaften

Auch im Bereich Gesundheit entstehen neue Formen von Genossenschaften. Der Bundesverband der Ärztegenossenschaften zählt mehr als 6500 Mediziner als Mitglieder. Mehrere tausend Ärzte gehören eigenständigen genossenschaftlichen Netzwerken an. Der Vorteil von Ärztegenossenschaften besteht in der gegenseitigen Unterstützung bei Bestellungen. Dadurch können Rabatte bei der Beschaffung von Praxisbedarf, wie zum Beispiel bei Ultraschallgeräten, realisiert werden. Auch die Entwicklung von gemeinsamen Behandlungspfaden sowie die Fortbildung von Ärzten in eigenen Akademien sind Vorteile einer Ärztegenossenschaft.[127]

Im Bereich Gartenbau haben sich 60 Gartengestalter zu einer Genossenschaft namens Gärtner von Eden eG zusammengeschlossen, um ein Gartentypenkonzept von der individuellen Planung bis zur kreativen Umsetzung anzubieten. Dies wird durch einheitliche Qualitätsstandards sichergestellt und jedes Mitglied in der Genossenschaft muss entsprechende Qualitätsanforderungen erfüllen.[128]

In Berlin haben sich kleine und mittelständische Unternehmen aus der Musikwirtschaft im Jahre 2007 zu der Berlin Music Commission eG zusammengeschlossen.[129] Ihre Mitglieder kommen aus den Bereichen Live Entertainment, Record Music, Music Software, Clubkultur und Music Media. Ziel ist es, die Interessen der Mitglieder gegenüber lokalen und internatio-

---

[122] Vgl. Eichwald/Lutz (2011), S. 90.
[123] Vgl. Diermann (2011), S. 2.
[124] Vgl. Eichwald/Lutz (2011), S. 90.
[125] Vgl. Diermann (2011), S. 2.
[126] Vgl. Eichwald/Lutz (2011), S. 90-91.
[127] Vgl. Dieckhoff (2011), S. 3.
[128] Vgl. http://www.gaertner-von-eden.de/, Abruf 27.05.2012.
[129] Vgl. http://www.neuegenossenschaften.de/gruendungen/kultur_u_sport/BerlinMusic.html, Abruf 27.05.2012.

nalen Geschäftspartnern zu vertreten. Gleichzeitig stärkt die Genossenschaft die Stellung gegenüber Banken, Politik und Sponsoren. Sie übernimmt das Marketing für die Musikproduktionen, Veranstaltungen und Dienstleistungen der Mitglieder. Im Fokus steht die Förderung der Mitglieder bei der Vernetzung von Akteuren aus der Musikwirtschaft, in Public Relation, bei Marketingaktivitäten und in der Lobby-Arbeit. Dadurch wird eine kompetente Grundlage für Kooperationen und Kampagnen im Kollektiv gebildet.[130]

---

[130] Vgl. http://www.berlin-music-commission.de/71-1-Profil.html, Abruf 27.05.2012.

4. Corporate Governance in Genossenschaften

4.1 Bestimmung des Begriffs Corporate Governance

Seit Mitte der 90er Jahre prägt der Begriff Corporate Governance die Managementkultur in Deutschland und ist seitdem aus der Fachliteratur nicht mehr wegzudenken.[131] Es existieren unterschiedliche Interpretationen und Ansätze für die genaue Bestimmung und Erklärung des Begriffs Corporate Governance. Darunter wird die verantwortliche Führung und gewissenhafte Kontrolle eines Unternehmens verstanden,[132] aber auch das Zusammenwirken der verschiedenen Organe einer Gesellschaft und ihre Gestaltung der Zusammenarbeit.[133] Im Detail wird von der Führungsorganisation großer (börsennotierter) Unternehmen gesprochen und explizit von den Rechten und Pflichten der Organe.[134] Bei Corporate Governance handelt es sich um den rechtlichen und faktischen Ordnungsrahmen für die Leitung und Überwachung des Unternehmens.[135] Nach Schmidt kann von einer „Sicherstellung der verantwortungsvollen und zielorientierten Unternehmensführung im Sinne der Anteilseigner ohne eigne Leitungsrechte" gesprochen werden.[136] Ergänzend dazu besagt der Deutsche Corporate Governance Kodex, dass es sich um international und national anerkannte Standards guter und verantwortungsvoller Unternehmensführung und -kontrolle handelt, wobei durch die Implementierung für alle Marktteilnehmer das größtmögliche Vertrauen in die Tätigkeit des Managements und des Aufsichtsrat geschaffen werden sollen.[137] Die Komplexität von unterschiedlichen Einflüssen auf die Interpretationen und Ansätze des Begriffs Corporate Governance werden zusammenfassend dargestellt.

---

[131] Vgl. v. Werder (2009), S. 4.
[132] Vgl. Eichwald/Lutz (2011), S. 253.
[133] Vgl. Frankenberger/Gschrey/Bauer (2011), S. 42.
[134] Vgl. Göbel (2010), S. 297.
[135] Vgl. Potthoff/Trescher (2003), S. 103, Frankenberger/Gschrey/Bauer (2011), S. 42.
[136] Vgl. Schmidt (2011), S. 11.
[137] Vgl. http://www.corporate-governance-code.de/ger/kodex/1.html, Abruf 11.06.2012.

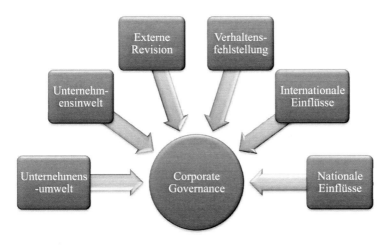

Abbildung 4: Komplexität von Corporate Governance. In Anlehnung an: Stiglbauer (2010), S. 10.

4.2 Deutscher Corporate Governance Kodex

Die unüberschaubare Fülle von Gesetzen und Verordnungen offeriert keinen vollständigen Ersatz für die Moralität und dem Fehlverhalten von Akteuren.[138] Es bestehen heute in Deutschland verschiedene Kodizes, die gute und verantwortliche Unternehmensführung, aber auch ethisch und moralisches Handeln in Form von Standards festlegen.[139] Diese versuchen die Mängel und Graubereiche in der Gesetzgebung zu erfassen. Dabei beruhen grundsätzlich ethische Kodizes und Konventionen auf Freiwilligkeit und sind prinzipiell rechtlich nicht erzwingbar.[140] Auf diese Weise werden für die Gültigkeit von verantwortlichem Handeln unter ethischen und moralischen Grundsätzen, Normen und Richtlinien benötigt. Diese müssen vom Markt und von den Anspruchsgruppen Stakeholder und Shareholder anerkannt sein. Im globalen Wettbewerb reicht es nicht Appelle und freiwillige Zugeständnisse für eine verantwortliche Unternehmensführung und -kontrolle zu propagieren.[141]

Ab der Mitte der 90er Jahre kam es zu häufigen spektakulären Unternehmenskrisen und -zusammenbrüchen, die eine Debatte über die Unternehmensführung und -kontrolle auslösten.[142] Durch den Zerfall des Neuen Marktes und den sich daraus ergebenden Unternehmensskandalen im Jahr 2000 rückte das Thema Corporate Governance weiter in den Vordergrund

---

[138] Vgl. Göbel (2010), S. 289.
[139] Vgl. Sassen (2011), S. 427.
[140] Vgl. Göbel (2010), S. 291-292.
[141] Vgl. Talalicar (2006), S. 1.
[142] Vgl. Grundei/Zaumseil (2012), S. 20.

der deutschen und globalen Öffentlichkeit. Die vielen Erscheinungen von Missmanagement und Unternehmensschieflagen im In- und Ausland sowie die zunehmende globalisierte Wirtschaft und die Liberalisierung der Kapitalmärkte führten zu einem stärkeren Anspruch nach einer verantwortungsvollen und transparenten Unternehmensführung. Hauptsächlich institutionelle Investoren, wie Pensionsfonds und Versicherungen setzen den Fokus auf Corporate Governance Standards.[143] Besonders die mangelnde Führung und Kontrolle von Unternehmen und deren Verbindung zu dem dramatischen Verfall von Börsenwerten, führte zur Forderung von einheitlichen Standards von Corporate Governance.[144] Aber auch die Strategie der Unternehmen in Deutschland im Bereich Finanzierung änderte sich. Die Unternehmen finanzierten sich nicht mehr durch Bankkredite oder durch den Einbehalt von Gewinnen, sondern finanzierten sich durch Aktionäre. Diese waren keine typischen Kleinaktionäre, sondern institutionelle Investoren, speziell aus dem Ausland.[145] Daraus ergaben sich grundsätzliche Kritiken am Corporate Governance System in Deutschland.

Abbildung 5: Kritiken am Corporate Governance System in Deutschland. In Anlehnung an: Eichwald/Lutz (2011), S. 254.

Als Basis für einen Corporate Governance Kodex in Deutschland diente der Combined Code in Großbritannien[146] und die OECD Principles of Corporate Governance der Industrieländer.[147] Aber auch speziell die Anregungen der Corporate Governance Grundsätze einer Frankfurter Initiative und die Beiträge des German Code of Corporate Governance eines Berliner

---

[143] Vgl. v. Werder (2005), S. 12 Rdnr. 2.
[144] Vgl. Lattemann (2010), S. 87.
[145] Vgl. Lutter (2009), S. 125.
[146] Vgl. Müller-Michaels (2011), S. 60.
[147] Vgl. Stiglbauer (2010), S. 14-15.

Initiativkreises waren Grundlage für den Corporate Governance Kodex in Deutschland.[148] Am 26.02.2002 wurde der Deutsche Corporate Governance Kodex im Auftrag der Bundesregierung von der Cromme-Kommission, unter Berücksichtigung der Kritiken am Corporate Governance System, vorgestellt.[149] In der Fassung vom 26.05.2010 des Deutschen Corporate Governance Kodex (DCGK) wurden unter Anpassung gesetzlicher Vorschriften, insgesamt 90 Empfehlungen und 16 Anregungen zur Unternehmensführung integriert.[150]

Aktuell existiert eine neue Fassung des Deutschen Corporate Governance Kodex vom 15.05.2012. Dieser erlangt erst nach Veröffentlichung im elektronischen Bundesanzeiger Gültigkeit.[151] Der DCGK soll gültige Standards einer Corporate Governance definieren und eine bestmögliche Orientierungshilfe für Organe von Gesellschaften darbieten.[152] Der Kodex hat keine Gesetzeskraft und durchläuft kein parlamentarisches Verfahren, obwohl der Kodex und seine Änderungen von der Regierungskommission Corporate Governance Kodex erarbeitet wird. Der Kodex ist grundsätzlich eine unverbindliche Empfehlung für verantwortliches Handeln in Unternehmen, speziell für das Management und dem Aufsichtsrat.[153] Jedoch helfen die Empfehlungen beim Abbau von eventuellen Defiziten in der Unternehmensführung und -überwachung.[154] Weil der Kodex kein zwingendes Gesetz ist und er dennoch eine Art der Verpflichtung sein soll, wird im Kodex von „comply or explain" gesprochen.[155] Dies entspricht dem international verbreiten Prinzip, eine Option zu haben, alle oder zumindest ausgewählte Bestimmungen des Kodex abzulehnen.[156] Der § 161 AktG verpflichtet die Unternehmen zu erklären (Entsprechenserklärung), ob die Empfehlungen des Kodex angenommen werden und warum die Unternehmen möglicherweise von diesen abweichen. Allerdings besteht keine Verpflichtung, den Empfehlungen des Kodex zu folgen. Der Gesetzgeber wollte zur Starrheit der aktuellen gesetzlichen Regelungen eine Art Flexibilität für Unternehmen einräumen, um einen Freiraum für die spezifischen Konstellationen zu haben.[157]

---

[148] Vgl. Lutter (2009), S. 124.
[149] Vgl. Lattemann (2010), S. 92.
[150] Vgl. v. Werder/Böhme (2011), S. 1285.
[151] Vgl. http://www.corporate-governance-code.de/ger/kodex/index.html, Abruf 20.06.2012.
[152] Vgl. Kuck (2006), S. 41.
[153] Vgl. Müller-Michaels (2012), S. 60-61.
[154] Vgl. Kuck (2006), S. 41.
[155] Vgl. Lattemann (2010), S. 91.
[156] Vgl. v. Werder/Böhme (2011), S. 1285.
[157] Vgl. Müller-Michaels (2012), S. 61.

Das große Ziel des DCGK ist die Werbung um Vertrauen der internationalen Finanzwelt durch Informationen und Verbesserung in die deutschen Corporate Governance.[158] Der Kodex soll einen Regulierungsrahmen für die Unternehmensleitung und -überwachung sein und stellt seit der Veröffentlichung am 26.02.2002 Leitlinien für die Auseinandersetzung mit den Formen guter Unternehmensführung dar.[159] Somit erreicht der Kodex eine Art Qualitätssicherungsfunktion. Er erhöht die Transparenz und steigert die Qualität deutscher Unternehmensführung und -überwachung.[160] Zusammenfassend soll der Kodex die Regeln zur Führung und Überwachung in börsennotierten Unternehmen für internationale Investoren in einem Regelwerk bündeln um die charakteristischen Merkmale und die Sonderstellung der dualistischen Unternehmensverfassung zu veranschaulichen.[161]

Der Kodex ist folgendermaßen aufgebaut:

Präambel
• Abschnitt 1

Aktionäre und Hauptversammlung
• Abschnitt 2

Zusammenwirken von Vorstand und Aufsichtsrat
• Abschnitt 3

Vorstand
• Abschnitt 4

Aufsichtsrat
• Abschnitt 5

Transparenz
• Abschnitt 6

Rechnungslegung und Abschlussprüfung
• Abschnitt 7

Abbildung 6: Aufbau des DCGK. In Anlehnung an: DCGK.

In der Präambel werden die erforderlichen Zielsetzungen des Kodex erläutert und die Grundordnung der Gesellschaft dargestellt. Darüber hinaus werden der Empfängerbereich und das System beschrieben. Die materiellen Bestimmungen werden in den Abschnitten zwei bis sie-

---

[158] Vgl. Lutter (2009), S. 126.
[159] Vgl. v. Werder/Bartz (2012), S. 869.
[160] Vgl. Stiglbauer (2010), S. 17.
[161] Vgl. Müller-Michaels (2012), S. 61.

ben erläutert.[162] Speziell in der Präambel wird auf ein Charakteristikum des Kodex eingegangen, dass sich durch alle Abschnitte zieht. Denn der DCGK setzt sich aus drei Kategorien zusammen, dem geltenden Recht, Empfehlungen und Anregungen.[163] Die gesetzlichen Regelungen werden nicht extra betont, denn sie stellen als Muss-Vorschriften die Hälfte des Kodex dar.[164] Jedoch werden Empfehlungen in der zweiten Kategorie durch die Verwendung des Wortes „soll" gekennzeichnet.[165] Nach § 161 AktG können die Gesellschaften jedoch davon abweichen. Sie sind verpflichtet, Abweichungen jährlich mit Begründung in einer Entsprechenserklärung zu veröffentlichen. Dadurch wird auf branchen- und unternehmensspezifische Bedürfnisse Rücksicht genommen. Wiederum stützt der Kodex die Flexibilisierung und Selbstregulierung der deutschen Unternehmensverfassung.[166] Die Empfehlungen stellen 40% des Inhalts im Kodex dar, und sie sind formulierte Grundsätze einer „best practice" für gute Unternehmensführung und -überwachung.[167] Ferner werden Anregungen im Kodex in der dritten Kategorie durch die Worte „sollte" und „kann" betont. Von den Anregungen kann ohne eine Offenlegung abgewichen werden.[168] Diese Verhaltensanregungen sind ca. zu 23% im Kodex beinhaltet und stellen keine „best practice" dar.[169]

4.2.1 Relevanz des Deutschen Corporate Governance Kodex in Genossenschaften

Die in den letzten Jahren anhaltende Debatte über Corporate Governance in den akademischen und journalistischen Medien[170] und die immer stärkere Kritik an der mangelnden Effizienz des Aufsichtsrats beeinflusst auch die Unternehmensform Genossenschaft.[171] Allerdings ist bei Genossenschaften die Corporate Governance schon beim Inkrafttreten des Genossenschaftsgesetzes viel stärker fortgeschrittener gewesen als bei Kapitalgesellschaften. Die gute und verantwortungsvolle Unternehmensführung proklamieren die Genossenschaften seit Bestehen vor 150 Jahren. Dies spiegelt sich im Genossenschaftsrecht, in den Mustersatzungen

---

[162] Vgl. Frankenberger/Gschrey/Bauer (2011), S. 42-43.
[163] Vgl. Müller-Michaels (2012), S. 61-62.
[164] Vgl. Lutter (2009), S. 127 und Vgl. v. Werder (2005), S. 50 Rdnr. 119.
[165] Vgl. Lattemann (2010), S. 93.
[166] Vgl. v. Werder (2005), S. 50 Rdnr. 121.
[167] Vgl. Lutter (2009), S. 127.
[168] Vgl. Lattemann (2010), S. 93.
[169] Vgl. Lutter (2009), S. 127.
[170] Vgl. Grundei/Zaumseil (2012), S. 17.
[171] Vgl. Eichwald/Lutz (2011), S. 254.

sowie in den Mustergeschäftsordnungen für Vorstands- und Aufsichtsratsmitglieder wider.[172] Somit wird bereits teilweise der Inhalt des DCGK bei Genossenschaften umgesetzt.[173]

Auch wenn Genossenschaften formal nicht unter dem Corporate Governance Kodex für börsennotierte Unternehmen fallen, gelten im Prinzip dieselben Regeln für verantwortungsvolle Unternehmensführung und -überwachung. Vor Unternehmenskrisen werden Genossenschaften nicht bewahrt. Fehler im Management und mangelnde Kontrolle und Überwachung des Aufsichtsrats führen auch bei Genossenschaften zu Krisen.[174] Eine Insolvenzquote von unter 0,1% bewahrt Genossenschaften nicht vor Krisen und ist kein Schutz für die Nichteinhaltung von einheitlichen Standards guter Unternehmensführung und -überwachung.[175] Außerdem fehlt den Genossenschaften der äußere Einfluss des Marktes. Aktiengesellschaften reagieren auf Forderungen des Marktes bei Fehlentwicklungen in der Unternehmensüberwachung. Missmanagement, und gravierende Fehler in der Unternehmensüberwachung führen nicht zum Kursverfall im Gegensatz zu Aktiengesellschaften. Der Genossenschaftsanteil ist nicht handelbar. Infolgedessen haben Genossenschaften nicht das Risiko einer Unternehmensübernahme durch Konkurrenzunternehmen und sie sind nicht dem Einfluss von institutionellen Anlegern und Banken ausgesetzt.[176]

Die Prinzipien der Genossenschaft spielen in der Debatte über Corporate Governance eine wichtige Rolle. Die Besonderheit liegt bei Genossenschaften darin, dass die Mitglieder nicht nur Eigentümer (Kapitalgeber) sind, sondern zugleich auch Kunden der Genossenschaft. Sie wählen aus dem Kreis der Mitglieder den Aufsichtsrat und aufgrund dieser besonderen Struktur sollte der Fokus nach Forderungen einheitlicher Corporate Governance Standards bei Genossenschaften gelegt werden. Denn dadurch entsteht eine doppelte Beziehung der Mitglieder des Aufsichtsrats zur Genossenschaft.[177] Zusammenfassend ergibt sich die Notwendigkeit einheitlicher Corporate Governance Regeln bei Genossenschaften und einer fortlaufenden Anpassung der Corporate Governance-Forderungen.[178]

---

[172] Vgl. Leuschner (2005), S. 6.
[173] Vgl. Schaffland (2006), §38 Rdnr. 55.
[174] Vgl. Eichwald/Lutz (2011), S. 254.
[175] Vgl. http://www.dgrv.de/webde.nsf/web/geschaeftsbericht/$file/DGRV_Gesch%C3%A4ftsbericht_2010.pdf, Abruf 26.06.2012, S.13.
[176] Vgl. Weber et al. (2006), S. 12-13.
[177] Vgl. Theurl (2006), S. 27.
[178] Vgl. Eichwald/Lutz (2011), S. 254.

Der DGRV bündelte im Jahre 2003 die existierenden Regelungen des Corporate Governance Kodex für börsennotierte Unternehmen zu einem eigenen Kodex für Genossenschaften (GCGK). Die strukturellen Unterschiede und rechtsformspezifischen Besonderheiten der Genossenschaft wurden bei der Formulierung des Kodex berücksichtigt.[179] Schematisch stellt dieser die besonderen Merkmale und die Vorteile der Genossenschaft dar. Durch einen eigenen Corporate Governance Kodex für Genossenschaften eröffnet sich die Möglichkeit einer Art Marketing für die Unternehmensform der eingetragenen Genossenschaft.

Der Kodex leistet einen wichtigen Beitrag für das Vertrauen in die Rechtsform Genossenschaft bei potenziellen Mitgliedern und Geschäftspartnern, aber auch bei den Stakeholder, die nicht über die Besonderheiten der Genossenschaft Kenntnis haben.[180] Die Ziele des DCGK[181] können nur unter Berücksichtigung der Unternehmensform Genossenschaft auf den Corporate Governance Kodex für Genossenschaften übertragen werden. Die Präambel des Kodex stellt besonders den Förderauftrag nach § 1 Abs. 1 GenG in den Vordergrund.[182] Der Förderauftrag ist das zentrale Unternehmensziel der Genossenschaft[183] und stellt das charakteristische Merkmal im Corporate Governance Kodex für Genossenschaften dar.

Jedoch sind grundsätzlich die Ziele des Corporate Governance Kodex für Genossenschaften identisch mit denen des DCGK. Beide Kodizes stellen wesentliche gesetzliche Vorschriften zur Leitung und Überwachung dar und enthalten jeweils international und national anerkannte Standards guter und verantwortungsvoller Unternehmensführung. Unter anderem haben beide Kodizes das Ziel der Transparenz und der Nachvollziehbarkeit des Corporate Governance Systems. Beide Kodizes wollen das Vertrauen der Kunden, Mitarbeiter und der Öffentlichkeit in die Leitung und Überwachung (börsennotierter Gesellschaften bzw. deutscher Genossenschaften) steigern. Speziell will der Corporate Governance Kodex für Genossenschaften aber auch das Vertrauen der Mitglieder in die Unternehmensform Genossenschaft fördern.[184]

Abgeleitet aus den Zielen des DCGK und des Kodex für Genossenschaften ergeben sich zusammenfassend folgende einheitliche Ziele beider Kodizes, ohne auf die Besonderheiten der

---

[179] Vgl. Frankenberger/Gschrey/Bauer (2011), S. 44.
[180] Vgl. Leuschner (2005), S. 8.
[181] Ausführliche Darstellung im Kapitel 4.2.
[182] Vgl. Corporate Governance Kodex für Genossenschaften, Präambel.
[183] Vgl. Grosskopf/Münkner/Ringle (2009), S.62.
[184] Vgl. Corporate Governance Kodex für Genossenschaften, Präambel.

jeweiligen Unternehmensform Rücksicht zu nehmen. Nachfolgend sind die einheitlichen Ziele dargestellt:

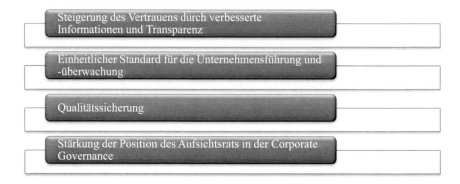

Abbildung 7: Einheitliche Ziele des DCGK und des GCGK. Eigne Darstellung

Diese vier Ziele stellen das Grundgerüst beider Corporate Governance Kodizes dar.

4.2.2 Wesensmerkmale des Corporate Governance Kodex für Genossenschaften

Unter Berücksichtigung des genossenschaftlichen Förderauftrags, des Identitätsprinzips, des Prinzips der Selbstverwaltung und der genossenschaftlichen Pflichtprüfung unterscheiden sich grundsätzlich nur zwei Abschnitte im Aufbau gegenüber dem des DCGK. Der zweite Abschnitt handelt nicht von Aktionären und der Hauptversammlung, sondern angepasst an die Unternehmensform der Genossenschaft wird von Mitgliedern und der Generalversammlung[185] gesprochen.[186] Der siebente Abschnitt beinhaltet beim Corporate Governance Kodex für Genossenschaften die Rechnungslegung und Prüfung.[187] In der Präambel steht der Förderauftrag des genossenschaftlichen Handels im Mittelpunkt. Die Förderung der Mitglieder ist das wesentliche Merkmal der Unternehmensform Genossenschaft und spiegelt sich im Kodex für Genossenschaften wider.[188] Dessen ungeachtet werden der Empfängerbereich und das System beschrieben. Ebenfalls werden die materiellen Bestimmungen in den Abschnitten zwei bis sieben erläutert, wie beim DCGK. Auch die drei Kategorien des DCGK wurden in den Corporate Governance Kodex für Genossenschaften übernommen und insofern besitzt der Kodex

---

[185] bei Genossenschaften mit mehr als 1500 Mitgliedern kann nach §43a, die Generalversammlung aus Vertretern der Mitglieder bestehen.
[186] Vgl. Frankenberger/Gschrey/Bauer (2011), S. 44.
[187] Vgl. Corporate Governance Kodex für Genossenschaften, Ziffer 7.
[188] Vgl. Sassen (2011), S. 427.

gesetzliche Regelungen, Empfehlungen und Anregungen.[189] Der Kodex für Genossenschaften richtet sich vorrangig an kapitalmarktorientierte Genossenschaften, schließt dennoch andere Genossenschaften mit ein, die eine hauptamtliche Geschäftsführung haben und/oder der jährlichen Prüfung nach § 53 Abs. 1 Satz 2 GenG unterliegen.[190]

Eine Entsprechenserkärung nach § 161 AktG existiert bei Genossenschaften nicht. Der Kodex für Genossenschaften ist im Unterschied zum DCGK auch ohne Begründung der Abweichung oder Nichteinhaltung anzuwenden. Bei kapitalmarktorientierten Genossenschaften wird eine Umsetzung allerdings empfohlen. Für Genossenschaften besteht keine gesetzliche Pflicht, nach dem „comply or explain" Prinzip vorzugehen. Sie müssen weder erklären, ob sie von den Regelungen abweichen oder diesen entsprechen. Allerdings können Genossenschaften freiwillig eine Entsprechenserklärung veröffentlichen. Der DGRV bleibt bei der Freiwilligkeit dieser Erklärung, da das Genossenschaftsgesetz, die Mustersatzungen und Mustergeschäftsordnungen den Rahmen für gute Corporate Governance bilden.[191] In der Praxis sind keine Hinweise auf eine Einhaltung oder eine Nichteinhaltung des genossenschaftlichen Corporate Governance Kodex zu erkennen. Die Einführung eines zusätzlichen § 52 GenG für eine Erklärung zum genossenschaftlichen Corporate Governance Kodex würde zu einer Anpassung an den DCGK führen.[192] Die Notwendigkeit einer Entsprechenserklärung für Genossenschaften führt zu einer stärkeren Transparenz und erhöht das Vertrauen der Mitglieder, der Kunden und der Öffentlichkeit in die Corporate Governance bei Genossenschaften.[193]

Die Stimmrechte sind bei Genossenschaften grundsätzlich anders als bei Aktiengesellschaften geregelt. Nach § 43 Abs. 3 GenG hat jedes Mitglied nur eine Stimme und übt seine Entscheidungs- und Kontrollrechte nach dem Prinzip „ein Mitglied-eine Stimme" aus.[194] Daraus ergibt sich eine homogene Genossenschaftsstruktur, die aus gleichberechtigten Mitgliedern besteht.[195] Im Corporate Governance Kodex für Genossenschaften fehlt die Möglichkeit einer Briefwahl. Die Mitglieder einer Genossenschaft sollen ihr Stimmrecht persönlich wahrnehmen.[196] Sie stimmen nach § 48 GenG nicht nur über die Feststellung des Jahresabschlusses

---

[189] ausführlich dazu Kapitel 4.2.
[190] Vgl. Corporate Governance Kodex für Genossenschaften, Präambel.
[191] Vgl. Leuschner (2005), S. 8-9.
[192] Vgl. Sassen (2012), S. 47 und dazu weitere Erläuterung in Sassen (2011), S. 428.
[193] nähere Erläuterung in Kapitel 4.3.
[194] Vgl. Beuthien/Dierkes/Wehrheim (2008), S. 157.
[195] Vgl. Leuschner (2005), S. 10.
[196] Vgl. Corporate Governance Kodex für Genossenschaften, Ziffer 2.3.2.

und über die Entlastung des Vorstands und des Aufsichtsrats ab, sondern auch über die Verwendung des Gewinns. Im DCGK entscheiden die Aktionäre auf der Hauptversammlung nur über die Gewinnverwendung und über die Entlastung des Vorstands und des Aufsichtsrats, allerdings nicht über den Jahresabschluss.[197]

Eine weitere Besonderheit liegt in der Gewährung von Krediten an Organmitglieder und deren Angehörige durch den Aufsichtsrat. Der Kodex für Genossenschaften verlangt nicht nur die Zustimmung der übrigen Vorstandsmitglieder, sondern beschränkt die Höhe der Kredite auf die Zustimmung der Generalversammlung nach § 39 GenG. In diesem Fall ist der Corporate Governance Kodex für Genossenschaften strenger in der Gewährung von Krediten als der DCGK.[198]

Bei der Zusammensetzung des Vorstands empfiehlt der DCGK, dass der Vorstand aus mehreren Personen bestehen soll.[199] Dies soll das Risiko eines Alleinvorstandes und die damit verbundenen Gefahren übermäßiger Risikobereitschaft und Missbrauch mindern. Dabei wird das Ziel der Transparenz bei der Unternehmensführung und -überwachung deutlich.[200] Im Kodex für Genossenschaften ergibt sich diese Empfehlung aus § 24 Abs. 2 GenG, dass der Vorstand aus mindestens zwei Personen bestehen soll.[201]

Die Vergütung bei Vorstandsmitgliedern soll nach dem Corporate Governance Kodex für Genossenschaften fixe und variable Bestandteile haben.[202] Unter Berücksichtigung des Förderauftrags einer Genossenschaft ist die Angemessenheit der variablen Vergütung festzusetzen. Dabei ergibt sich die Schwierigkeit, welche Parameter für die variable Vergütung unter Einhaltung des Förderauftrages und unter Berücksichtigung des Unternehmensgewinns zu setzen sind. Eine variable Vergütung in Form von Aktienoptionen ist bei Genossenschaften aufgrund der Rechtsform nicht möglich.[203]

Die Offenlegung der Vorstandsvergütung bei Genossenschaften ist durch den § 338 Abs. 3 Satz 1 HGB eingeschränkt. Lediglich werden die Forderungen im Jahresabschluss entsprechend in einer Summe zusammengefasst. Die Nichtaufgabe des § 338 Abs. 3 HBG wird als

---

[197] Vgl. DCGK, Ziffer 2.2.1.
[198] Vgl. Leuschner (2005), S. 12.
[199] Vgl. DCGK, Ziffer 4.2.1.
[200] Vgl. Ringleb (2005), S. 164 Rdnr. 666.
[201] Vgl. Corporate Governance Kodex für Genossenschaften, Ziffer 4.2.1.
[202] Vgl. Corporate Governance Kodex für Genossenschaften, Ziffer 4.2.3.
[203] Vgl. Leuschner (2005), S. 12-13.

Privileg der Unternehmensform Genossenschaft in den Anmerkungen zum Kodex für Genossenschaften hervorgehoben.[204] Eine Vermeidung von Principal Agent-Konflikten nach Sassen wird nicht erreicht. Analog zum DCGK wäre eine Empfehlung der Offenlegung im Corporate Governance Kodex für Genossenschaften im Vergütungsbericht als Teil des Corporate Governance Bericht sinnvoll.[205]

Parallel zu der Offenlegung der Vorstandsvergütung verhält sich der Corporate Governance Kodex für Genossenschaften bei der Offenlegung der Aufsichtsratsvergütung. Außerdem darf die Aufsichtsratsvergütung nicht vom Geschäftserfolg abhängig sein, da sie sonst mit dem Förderauftrag nicht im Einklang stehen würde.[206]

Durch den Verzicht der Offenlegung im Corporate Governance Kodex für Genossenschaften wird dem Ziel des Vertrauens bei Mitgliedern, Kunden und der Öffentlichkeit nicht gerecht.[207]

Die Bestimmungen der Transparenz im DCGK zielen auf börsennotierte Aktiengesellschaften ab.[208] Überwiegend tangieren diese Regelungen den Bereich der Insiderinformationen.[209] Sie sollen einen Schutz vor dem Missbrauch von Informationen durch den Börsenhandel gewährleisten.[210] Eine analoge Aufnahme dieser Regelungen in den Kodex für Genossenschaften ist aufgrund der Stimmrechtsregelung und der daraus ergebenden mangelnden Handelbarkeit nicht zweckmäßig.[211]

Eines der besonderen Merkmale der Unternehmensform Genossenschaft wurde in der Ziffer 7 des Corporate Governance Kodex für Genossenschaften integriert. Die Bestimmungen von halbjährlichen Zwischenberichten wie sie im DCGK gefordert werden, treffen bei Genossenschaften nicht zu.[212] Die Besonderheit bei Genossenschaften liegt im Bereich der Abschlussprüfung durch den Verband, in dem die Genossenschaft Mitglied sein muss. Es ist die älteste Pflichtprüfung vor der aktienrechtlichen Abschlussprüfung.[213] Demzufolge beauftragt der

---

[204] Vgl. Corporate Governance Kodex für Genossenschaften, Ziffer 4.2.4.
[205] Vgl. Sassen (2012), S. 436.
[206] Vgl. Corporate Governance Kodex für Genossenschaften, Ziffer 5.4.5 und Sassen (2012), S.438-439.
[207] Vgl. Leuschner (2005), S. 13.
[208] Vgl. Eichwald/Lutz (2011), S. 259.
[209] Vgl. DCGK, Ziffer 6.
[210] Vgl. Sassen (2012), S. 439.
[211] Vgl. Leuschner (2005), S. 12 und Sassen (2012), S. 439.
[212] Vgl. Corporate Governance Kodex für Genossenschaften, Ziffer 7.1.2.
[213] Vgl. Beuthien/Dierkes/Wehheim (2008), S. 83.

Aufsichtsrat in einer Genossenschaft nicht einen Abschlussprüfer, sondern dieser wird durch den Prüfverband gestellt.[214] Eine Unterbreitung des Wahlvorschlags für einen Abschlussprüfer und eine Erklärung der Unabhängigkeit des Abschlussprüfers, wie im DCGK empfohlen wird, trifft für Genossenschaften nicht zu.[215] Denn die Unabhängigkeit des Abschlussprüfers wird durch Qualitätskontrollen im Prüfverband gewährleistet.[216] Die Rahmenbedingungen für die Rechnungslegung und Prüfung im Corporate Governance Kodex für Genossenschaften ergeben sich durch das Genossenschaftsgesetz und stellen ein wesentlichen Unterschied gegenüber dem DCGK dar.

Der Kodex für Genossenschaften reglementiert eine Altersgrenze für hauptamtliche Vorstandsmitglieder. Sie soll das gesetzliche Renteneintrittsalter[217] nicht überschreiten.[218] Im Gegensatz empfiehlt der DCGK eine Altersgrenze für Vorstandsmitglieder festzusetzen.[219] Durch eine strengere Regelung der Altersgrenze bei Vorstandsmitgliedern in Genossenschaften wird die Einschränkung der beruflichen Leistungsfähigkeit im Zuge des Alterns und die daraus ergebende Gefahr von Fehlern berücksichtigt.[220] Die Einführung einer Altersgrenze bzw. die Festsetzung einer Altersgrenze in beiden Kodizes bezieht die erheblichen Belastungen aus der verantwortlichen Tätigkeit eines Vorstandes mit ein.[221] Analog empfehlen beide Kodizes eine Altersgrenze für Aufsichtsräte festzulegen.[222] Der Corporate Governance Kodex für Genossenschaften legt keine Altersgrenze fest, wie bei den Vorständen, obwohl auch bei der Überwachung und Kontrolle des Vorstands die Leistungsfähigkeit eines Aufsichtsratsmitglieds mit zunehmendem Alter sinkt. Gleichzeitig kann das Risiko von Fehlern in der Überwachung und Kontrolle eines Aufsichtsratsmitgliedes genauso steigen, wie bei Vorständen.

Ein wesentlicher Unterschied im Corporate Governance Kodex für Genossenschaften liegt im Bereich der Zusammensetzung des Aufsichtsrates. Der DCGK empfiehlt bei der Zusammensetzung des Aufsichtsrats, dass nicht mehr als zwei ehemalige Mitglieder des Vorstands an-

---

[214] Vgl. § 55 Abs. 1 GenG.
[215] Vgl. DCGK, Ziffer 7.1.2.
[216] Vgl. §63e GenG.
[217] Das aktuelle Renteneintrittsalter liegt bei 67 Jahren, siehe:
http://www.bundesregierung.de/Content/DE/StatischeSeiten/Breg/ThemenAZ/Altersvorsorge/altersvorsorge-2007-07-13-rente-mit-67-alterssicherung-generationengerecht-gestalten.html, Abruf 25.07.2012.
[218] Vgl. Corporate Governance Kode für Genossenschaften, Ziffer 5.1.2.
[219] Vgl. DCGK, Ziffer 5.1.2.
[220] Vgl. Leuschner (2005), S. 15.
[221] Vgl. Kremer (2005), S. 215 Rdnr. 951.
[222] Vgl. DCGK, Ziffer 5.4.1 und Corporate Governance Kodex für Genossenschaften, Ziffer 5.4.1

gehören sollen.[223] Nach dem Kodex für Genossenschaften erfolgt eine unabhängige Beratung und Überwachung des Vorstands durch den Aufsichtsrat, wenn keine ehemaligen hauptamtlichen Mitglieder des Vorstands dem Aufsichtsrat angehören.[224] In diesem Fall geht der Kodex für Genossenschaften über den DCGK hinaus und weist eine konsequentere Regelung der Unabhängigkeit von Aufsichtsräten als bei börsennotierten Aufsichtsräten auf.[225] Darüber hinaus empfehlen beide Kodizes die Achtung auf Vielfalt und die angemessene Berücksichtigung von Frauen im Aufsichtsrat.[226]

Weitere Unterschiede werden im Anhang 2 in Form einer Tabelle näher dargestellt. Diese Tabelle fasst die Besonderheiten und Unterschiede der Abschnitte eins bis sieben beider Kodizes zusammen.

Des Weiteren beeinflusst das Handeln in der Führung und Überwachung von Genossenschaften der Member Value. Der Aufsichtsrat und der Vorstand einer Genossenschaft richten ihre Arbeit nach dem Member Value. Bei Aktiengesellschaften wird vom Shareholder Value gesprochen.

4.3   Die Ausrichtung auf den Member Value

Eine Besonderheit in der Unternehmensführung und -überwachung bei Genossenschaften ist in der Berücksichtigung des Member Value zu finden. Es ist der Gesamtwert der unternehmerischen Tätigkeit des genossenschaftlichen Unternehmens für die Mitglieder[227] und stellt den Nutzen der genossenschaftlichen Kooperation für die Mitglieder dar.[228] Der Member Value setzt sich aus drei Komponenten zusammen.

Der unmittelbare Member Value (UMV) ist der Wert der direkten Förderung.[229] Er enthält alle Leistungen, die über Inhalte, Konditionen und Standards konkretisiert werden.[230] Sie schaffen einen direkten Nutzen bei den Mitgliedern.[231]

---

[223] Vgl. DCGK, Ziffer 5.4.2.
[224] Vgl. Corporate Governance Kodex für Genossenschaften, Ziffer 5.4.2.
[225] Vgl. Leuschner (2005), S. 15.
[226] Vgl. Corporate Governance Kodex für Genossenschaften, Ziffer 5.1.2 und DCGK, Ziffer 5.1.2.
[227] Vgl. Theurl/Böttiger (2007), S. 11.
[228] Vgl. Tschöpel (2011), S. 19.
[229] Vgl. Grosskopf/Münkner/Ringle. (2009), S. 69.
[230] Vgl. Theurl/Böttiger (2007), S. 11.
[231] Vgl. Tschöpel (2011), S. 19.

Der mittelbare Member Value (MMV) ist der Wert der indirekten Förderung.[232] Er vereinigt den Austausch aller Leistungen auf finanzieller Ebene zwischen den Mitgliedern und der Genossenschaft. Insbesondere schließt der mittelbare Member Value die pekuniären Ströme ein, die aus der Eigentümer- und Kapitalgeberfunktion resultieren. Vor allem handelt es sich um die Dividenden auf die Geschäftsanteile. Aus der Eigentümerfunktion eines Mitglieds ergeben sich die Mitwirkungs- und Mitentscheidungsrechte, die zum mittelbaren Member Value zählen. Beim MMV gilt das Prinzip der Wirtschaftlichkeit. Um Dividenden an die Mitglieder auszahlen zu können, müssen die Genossenschaften ihre Wertschöpfung effizient unter Berücksichtigung des Förderprinzips gestalten.[233] Zum MMV gehören außerdem Leistungen aus Mehrwertprogrammen, Mitgliederzeitschriften und Gruppenversicherungen.[234]

Der nachhaltige Member Value (NMV) ist durch den Wert der nachhaltigen Förderung bestimmt. Er stellt Investitionsmöglichkeiten für die Zukunft dar, die aus gesetzlich vorgeschriebenen und freiwillig gebildeten Rücklagen resultieren.[235] Es gilt das Prinzip der Langfristigkeit. Nur wer die Mitglieder an den Leistungen und der Wertschaffung der Genossenschaft teilhaben lässt, steigert das zukünftige Potenzial der Mitgliederorientierung.[236]

Im Member Value wird die Bedeutung von Mitgliederreisen und Mitgliederveranstaltungen berücksichtigt, die einen nicht-ökonomischen Mitgliederwert haben.[237] Hinzu kommen die Faktoren des Aufbaus von Sozialkapital, die Verbesserung der Qualität des Humankapitals und das Engagement der Genossenschaft bei gesellschaftlichen Organisationen. Alle Elemente des Member Value stehen in einer strengen Kausalität zueinander.[238] Sie sind in die Gesamtstrategie einer Genossenschaft zu integrieren, da die Förderung der Elemente nur durch einen positiven Gewinn ermöglicht werden kann. Daraus ergibt sich die Notwendigkeit, ein Member Value Konzept bzw. eine Member Value Strategie zu entwickeln, umzusetzen und unter den Mitgliedern zu veröffentlichen.[239]

---

[232] Vgl. Grosskopf/Münkner/Ringle (2009), S. 69.
[233] Vgl. Tschöpel (2010), S. 20.; Tschöpel (2011), S. 19.
[234] Vgl. Grosskopf/Münkner/Ringle (2009), S. 69.
[235] Vgl. Theurl/Böttiger (2007), S. 12.
[236] Vgl. Tschöpel (2011), S. 20.
[237] Vgl. Grosskopf/Münkner/Ringle (2009), S. 70.
[238] Vgl. Theurl/Böttiger (2007), S. 12.
[239] Vgl. Grosskopf/Münkner/Ringle (2009), S. 70.

Die Member Value Strategie ist die Orientierung an einer nachhaltigen Wertsteigerung für die Mitglieder.[240] Dabei wird das Merkmal der Mitgliedschaft beachtet. Sie dient der Etablierung eines Vertrauensankers bei den Mitgliedern und Kunden. Gleichzeitig kann sie eine Prävention vor der Volatilität des Eigenkapitals sein. Sie zielt auch ebenfalls auf die Mitgliederneugewinnung ab. Durch die Ausrichtung auf die Mitgliedschaft ergibt sich ein Alleinstellungsmerkmal, welches einen Wettbewerbsvorteil gegenüber anderen Unternehmen darstellt.[241]

Daraus ist abzuleiten, dass nicht der Vermögenszuwachs der Anteilseigner (Shareholder Value) oberstes Ziel der Unternehmensführung und -überwachung ist, sondern die Ausrichtung auf den Member Value.[242] Der Shareholder Value und der Member Value sind beide Eigentümerwerte.[243] Allerdings unterscheidet sich der Member Value vom Shareholder Value darin, dass nicht allein die Eigentümerinteressen verfolgt werden, sondern die Förderung der Mitglieder unter Berücksichtigung der Mitgliederinteressen.[244]

Der Member Value stellt eine fundierte Managementstrategie dar unter Einbeziehung des Förderauftrags.[245] Dabei kann sich der Aufsichtsrat eines Member Value Reportings bedienen. Dieser beinhaltet die Elemente des Member Value und deren Umsetzung. Das Reporting ermöglicht eine Kontrolle, inwieweit Werte für die Mitglieder tatsächlich zustande gekommen sind.[246] Die Aufgabe des Aufsichtsrats ist es nicht nur, die Unternehmensführung zu kontrollieren, sondern speziell bei Genossenschaften auch die Einführung und Steigerung eines Member Values zu prüfen.[247] Das Member Value Reporting dient zur Unterstützung sowohl bei der Ordnungsmäßigkeit als auch bei der Zweckmäßigkeit der Geschäftsführung, vor allem aber zur Einhaltung des Förderauftrags. Es ist eine ideale Ergänzung zum Jahresabschluss und zum Lagebericht.[248]

Demnach beeinflusst der Member Value die Unternehmensführung und -überwachung in Genossenschaften. Die Kontrolle der Steigerung und Einführung des Member Value gehört zu einer der Aufgaben des Aufsichtsrats.

---

[240] Vgl. Theurl/Böttiger (2007), S. 9.
[241] Vgl. Tschöpel (2010), S. 21-25.
[242] Vgl. Eichwald/Lutz (2011), S. 21.
[243] Vgl. Theurl/Böttiger (2007), S. 9.
[244] Vgl. Lamprecht/Donschen (2006), S. 15.
[245] Vgl. Tschöpel (2011), S. 19.
[246] Vgl. Lamprecht/Donschen (2006), S. 18.
[247] Vgl. Theurl (2006), S. 27.
[248] Vgl. Lamprecht/Donschen (2006), S. 28.

5. Der Aufsichtsrat der Genossenschaft

5.1 Zusammensetzung

In der Unternehmensform Genossenschaft muss ein Vorstand und ein Aufsichtsrat vorhanden sein. Allerdings kann bei Genossenschaften, die nicht mehr als 20 Mitglieder besitzen, durch Bestimmungen in der Satzung auf die Einführung eines Aufsichtsrats verzichtet werden. Tritt dieser Fall ein, übernimmt die Generalversammlung die Rechte und Pflichten eines Aufsichtsrats.[249] Daraus ergibt sich, dass der Aufsichtsrat der Genossenschaft Teil des dualen Führungssystems ist, wie der Aufsichtsrat in einer Aktiengesellschaft.[250]

Eine Grundvoraussetzung für die Zusammensetzung des Aufsichtsrats ist die Mitgliedschaft in der Genossenschaft. Einzig und allein die Mitglieder einer Genossenschaft, die eine natürliche Person sind, können in den Aufsichtsrat gewählt werden. Damit wird das Selbstverwaltungsprinzip bei der Zusammensetzung des Aufsichtsrats eingehalten.[251]

Der Aufsichtsrat setzt sich aus mindestens drei Mitgliedern zusammen, die von der Generalbzw. Vertreterversammlung[252] gewählt werden. Eine höhere Zahl kann die Satzung festlegen.[253] In der Praxis wird eine Mindest- und eine Höchstzahl in der Satzung festgelegt, wobei die Zahl der Aufsichtsratsmitglieder durch drei teilbar sein sollte.[254] Die Anzahl der Mitglieder in dem Gremium legt nicht der Aufsichtsrat oder der Vorstand fest. Das Wahlmonopol liegt in der Hand der General- bzw. der Vertreterversammlung. Allerdings können Vorstand und Aufsichtsrat von ihrem Vorschlagsrecht, hinsichtlich der Größe des Aufsichtsrats, Gebrauch machen.[255]

Hat eine Genossenschaft mehr als 500 Arbeitnehmer, so unterliegt die Zusammensetzung des Aufsichtsrats dem Drittelbeteiligungsgesetz (DrittelbG). Nach diesem Gesetz muss die Zahl der Aufsichtsratsmitglieder durch drei teilbar sein. Der Aufsichtsrat setzt sich zu einem Drittel aus Arbeitnehmervertretern und zu zwei Dritteln aus Vertretern der Mitglieder der Genossen-

---

[249] Vgl.§ 9 Abs. 1 GenG.
[250] Vgl. v. Werder (2005), S. 36 Rdnr. 91ff.
[251] Vgl § 9 Abs. 2 GenG und weitere Ausführungen in Kapitel 2.2.4.2.
[252] bei Genossenschaften mit mehr als 1500 Mitgliedern kann nach §43a GenG, die Generalversammlung aus Vertretern der Mitglieder bestehen.
[253] Vgl. § 36 Abs. 1 Satz 2 GenG.
[254] Vgl. Schaffland (2006), § 36 Rdnr. 9.
[255] Vgl. Frankenberger/Gschrey/Bauer (20119), S. 5.

schaft zusammen.[256] Beschäftigt eine Genossenschaft mehr als 2000 Arbeitnehmer, so gilt nach dem Mitbestimmungsgesetz (MitbestG) die paritätische Mitbestimmung im Aufsichtsrat. In diesem Fall ist ein Arbeitsdirektor in den Vorstand zu bestellen. Dieser muss nicht Mitglied der Genossenschaft sein.[257] Für die Vertreter der Arbeitnehmerseite gilt nach § 9 Abs. 2 GenG, das Prinzip der Selbstorganschaft nicht, und die Zahl der investierenden Mitglieder darf ein Viertel nicht überschreiten.[258]

In der Zusammensetzung des Aufsichtsrats bei kapitalmarktorientierten Genossenschaften im Sinne des § 264d HGB muss mindestens ein unabhängiges Mitglied über Sachverstand in Rechnungslegung oder Abschlussprüfung verfügen.[259] Es wird vom Financial Expert[260] oder vom unabhängigen Finanzexperten[261] gesprochen.

Die Zusammensetzung des Aufsichtsrats entscheidet sich in Form einer Wahl durch die Generalversammlung bzw. der Vertreterversammlung.[262] Die Bestellung durch die Generalversammlung bzw. durch die Vertreterversammlung ist zwingendes Recht. Sie kann nicht auf andere Genossenschaftsorgane oder an Dritte übertragen werden.[263] Vorschläge zur Wahl können grundsätzlich alle Mitglieder und der Aufsichtsrat einreichen. Dennoch kann die Satzung einer Genossenschaft besondere Voraussetzungen für die Einreichung von Wahlvorschlägen aufstellen. Die Wahlvorschläge können außerhalb oder auch in der Generalversammlung bzw. in der Vertreterversammlung eingereicht werden. Bei der Vertreterversammlung ist zu beachten, dass die nicht zu Vertretern gewählten Mitglieder, die ihre Wahlvorschläge unterbreiten wollen, als Gäste geladen werden müssen.[264] Der Vorstand sowie einzelne Vorstandsmitglieder haben kein Vorschlagsrecht. Es würden Interessenkollisionen bestehen, wenn der zu kontrollierende Vorstand eigene Vorschläge für die Wahl zum Aufsichtsrat unterbreiten könnte. In diesem Fall wäre der Vorstand befangen und die Wahl, die aufgrund von Vorstandsvorschlägen beruht, wäre nichtig.[265]

---

[256] Vgl. Lutter/Krieger (2008), Rdnr. 1254.
[257] Vgl. Rose/Glorius-Rose (1995), S. 77.
[258] Vgl. Lutter/Krieger (2008), Rdnr. 1255.
[259] Vgl. § 36 Abs. 4 GenG.
[260] Vgl. Leube (2011), S. 214.
[261] Vgl. Eichwald/Lutz (2011), S. 259.
[262] Vgl. § 36 Abs. 1 GenG.
[263] Vgl. Gätsch (2009), § 5 Rdnr. 104.
[264] Vgl. Schaffland (2006), § 36 Rdnr. 22-23.
[265] Vgl. Frankenberger/Gschrey/Bauer (2011), S. 18.

Außerdem sollte bei der Zusammensetzung des Aufsichtsrats die persönliche und wirtschaftliche Unabhängigkeit eines Mitglieds erfüllt sein. Jedes Mitglied sollte über entsprechende Fähigkeiten und Kenntnisse verfügen, die zur Ausübung des Amts als Aufsichtsrat von Nöten sind.[266] Wiederum sind eine gesunde Altersstruktur, eine ausgewogene Mitgliederstruktur und ein vernünftiger Mix von Branchen- bzw. Berufsgruppen im Aufsichtsrat sinnvoll für eine gute und verantwortungsvolle Unternehmensüberwachung. Hilfreich ist auch ein guter Kontakt zu den Mitgliedern in der Genossenschaft, denn der Aufsichtsrat ist das Bindeglied zwischen Vorstand und den Mitgliedern der Genossenschaft. Hinzu kommt, dass Aufsichtsratsmitglieder die nötige Zeit zur Ausübung der Tätigkeit mitbringen müssen, um gewissenhaft ihre Aufgaben erfüllen zu können.[267]

Eine Amtsdauer für Aufsichtsräte ist im Genossenschaftsgesetz nicht festgeschrieben. Sie beginnt mit der Annahme des gewählten Mitgliedes. Analog kann die Amtsdauer nach § 102 Abs. 1 AktG, die auf fünf Jahre für Aufsichtsräte begrenzt ist, nicht angewendet werden. Hingegen ist die Bestellung auf unbestimmte Dauer unzulässig und die Satzung muss eine Amtsdauer festlegen.[268] Die Bestellung der Mitglieder kann allerdings durch die Generalversammlung bzw. Vertreterversammlung nach § 36 Abs. 3 GenG widerrufen werden. Dafür benötigt die Generalversammlung bzw. Vertreterversammlung keinen Widerrufsgrund, jedoch eine Mehrheit von mindestens dreiviertel der abgegebenen Stimmen.[269]

Eine Altersgrenze als Voraussetzung für die Zusammensetzung des Aufsichtsrats kann nur in den jeweiligen Satzungen festgelegt werden. Somit kann die Wählbarkeit eines Mitglieds von einem Mindest- oder Höchstalter abhängig gemacht werden.[270] Die Einführung einer Altersgrenze für Aufsichtsräte entspricht den Empfehlungen des Corporate Governance Kodex für Genossenschaften.[271]

5.2   Die Rechte, Pflichten und Aufgaben des Aufsichtsrats

Der Aufsichtsrat ist nach § 38 Abs. 1 GenG zur Überwachung und Prüfung der Geschäftsführung verpflichtet. Durch die Genossenschaftsrechtsnovelle aus dem Jahr 2006 ist der § 38 Abs. 1 GenG an die Vorschriften des § 111 Abs. 1 und 2 AktG angepasst worden. Aufgrund

---

[266] Vgl. Schaffland (2006), §36 Rdnr. 8.
[267] Vgl. Frankenberger/Gschrey/Bauer (2006), S. 6-9.
[268] Vgl. Gätsch (2009), § 5 Rdnr. 111.
[269] Vgl. Beuthien/Dierkes/Wehrheim (2008), S. 44.
[270] Vgl. Schaffland (2006), § 36 Rdnr. 17.
[271] Vgl. Corporate Governance Kodex für Genossenschaften , Ziffer 5.4.1.

dessen sind die Aufgaben und Rechte des Aufsichtsrats einer Genossenschaft identisch mit denen des Aufsichtsrats einer Aktiengesellschaft.[272] Der Aufsichtsrat kann sich zur Erfüllung seiner Aufgaben über alle Angelegenheiten der Genossenschaft unterrichten lassen, die Einsicht in die Bücher und Schriften der Genossenschaft sowie in den Bestand der Genossenschaftskasse und in die Bestände an Wertpapieren und Waren verlangen und prüfen. Allerdings können einzelne Aufsichtsratsmitglieder nach § 38 Abs. 1 Satz 4 GenG Auskünfte vom Vorstand fordern, um der Überwachung gerecht zu werden. Die Auskünfte werden analog des § 90 Abs. 3 Satz 2 AktG an den gesamten Aufsichtsrat erteilt und nicht an einzelne Aufsichtsratsmitglieder.[273]

In seiner Überwachungsfunktion hat der Aufsichtsrat kein Weisungsrecht gegenüber dem Vorstand und ist nicht durch seine Funktion dem Vorstand übergeordnet, sondern ist ihm nebengeordnet.[274] Zugleich ist der Aufsichtsrat an keine Weisungen der Generalversammlung bzw. Vertreterversammlung gebunden und nimmt seine Überwachungsfunktion eigenverantwortlich wahr.[275]

Nach der bereits erwähnten Genossenschaftsrechtsnovelle wurde die Personalkompetenz des Aufsichtsrats gestärkt. So kann nach § 24 Abs. 2 Satz 2 GenG die Kompetenz der Bestellung und der Abberufung von Vorständen durch die Generalversammlung bzw. Vertreterversammlung auf den Aufsichtsrat übertragen werden, wenn es die Satzung vorsieht.[276] Daraus ergibt sich das Recht zur außerordentlichen Kündigung des Anstellungsvertrages. Die Verschiebung der Machtbalance zu Lasten des Vorstandes ist eine Stärkung des Aufsichtsrats im System der Corporate Governance in Genossenschaften.[277]

Eine weitere Kompetenzerhöhung liegt im Bereich der Vertretungsbefugnis des Aufsichtsrats nach § 39 Abs. 1 GenG, welche durch die Genossenschaftsrechtsnovelle aus dem Jahr 2006 an die Vorschriften des § 112 AktG angelehnt ist. Die Vertretung der Genossenschaft in Prozessen gegenüber aktuellen und ausgeschiedenen Mitgliedern des Vorstandes erfolgt durch den Aufsichtsrat. Er kann über das Für und Wider eines Rechtsstreits entscheiden. Grundsätzlich benötigt der Aufsichtsrat dafür keinen Beschluss der Generalversammlung bzw. Vertre-

---

[272] Vgl. Lutter/Krieger (2008), Rdnr. 1258.
[273] Vgl. Gätsch (2009), § 5 Rdnr. 81.
[274] Vgl. Frankenberger/Gschrey/Bauer (2011), S. 39.
[275] Vgl. Schaffland (2006), § 38 Rdnr. 1.
[276] Vgl. Gätsch (2009), § 5 Rdnr. 82.
[277] Vgl. Keßler/Herzberg (2006), S. 33.

terversammlung. Dagegen kann die Satzung nach § 39 Abs. 1 Satz 3 GenG bestimmen, dass die Führung von Prozessen gegen Vorstandsmitglieder eines Beschlusses durch die General-versammlung bzw. Vertreterversammlung bedarf.[278]

Die Kontrolltätigkeit liegt allein beim Aufsichtsrat, da eine wirksame Überwachung nicht durch die Generalversammlung bzw. Vertreterversammlung erreicht werden kann. Insofern stellt der Aufsichtsrat ein Bindeglied zwischen den Mitgliedern und dem Vorstand dar und ist in seinen Kompetenzen der „verlängerte Arm" der Generalversammlung bzw. Vertreterver-sammlung.[279] Seine Kontrolle erstreckt sich auf die unternehmerischen Entscheidungen in den Bereichen allgemeine Geschäftspolitik, Unternehmensplanung, Finanzpolitik, Investitionspo-litik, Personalpolitik, sowie der laufenden Geschäftsführung des Vorstands.[280]

Daneben prüft der Aufsichtsrat das Risikomanagementsystem des Vorstands und alle Rege-lungen zur Unternehmenssteuerung sowie deren Darstellung, anhand dessen sich die finanzi-elle Lage der Genossenschaft jederzeit mit ausreichender Sorgfalt darstellen lässt.[281] Bei der Prüfung des Risikomanagementsystems wird das Verfahren zur Ermittlung und Sicherstellung der Risikofähigkeit sowie die Steuerung der Risiken mit berücksichtigt. Die Darstellung be-zieht die Komplexität, den Umfang, die Art und das Risikogehalt der Genossenschaft mit ein.[282]

Um die Unternehmensplanung zu prüfen, muss der Aufsichtsrat genau festlegen, welcher In-halt die Unternehmensplanung haben soll. Es ist auf eine kurzfristige und mittelfristige Pla-nung zu achten sowie auf die Darstellung der zukünftigen Investitionen.[283] Außerdem sollten zur Erfüllung des Förderauftrags nach § 1 GenG weitere Aspekte wie die Mitgliederbewe-gung oder die Entwicklung der Kundengelder in die Unternehmensplanung berücksichtigt werden.[284]

Grundlage jeder Unternehmensplanung ist die Strategie eines Unternehmens.[285] Sowohl im DCGK als auch im Corporate Governance Kodex für Genossenschaften stimmt der Vorstand

---

[278] Vgl. Gätsch (2009), § 5 Rdnr. 83 und Keßler/Herzberg (2006), S. 33-34.
[279] Vgl. Grosskopf/Münkner/Ringle (2009), S. 88.
[280] Vgl. Frankberger/Gschrey/Bauer (2011), S. 48.
[281] Vgl. Schaffland (2006), § 38 Rdnr. 1.
[282] Vgl. Fankenberger/Gschrey/Bauer (2011), S. 48.
[283] Vgl. Lutter/Krieger (2008), § 3 Rdnr. 76.
[284] Vgl. Potthof/Trescher (2003), Rdnr. 715-719.
[285] Vgl. Lutter/Krieger (2008), § 3 Rdnr. 76.

die Strategieausrichtung mit dem Aufsichtsrat ab und diskutiert in gleichmäßigen Intervallen die Strategieumsetzung.[286] Dabei sollte der Aufsichtsrat auf die Berücksichtigung des Förderprinzips in der Strategie achten.[287] Dies kann der Aufsichtsrat unter Berücksichtigung einer Balance Scorecard für Genossenschaften kontrollieren.[288]

Eine der Hauptaufgaben des Aufsichtsrats besteht darin, bei der Überwachung des Vorstands auf die Einhaltung des Förderzwecks zu achten.[289] Darunter fällt auch die Ausrichtung des Member Value auf die Unternehmensüberwachung der Genossenschaft unter Einbezug eines Member Value Reportings.[290] Somit wird die Kontrolle und Prüfung des gesamten Aufsichtsrats durch die prinzipielle Genossenschafts- und Förderorientierung bestimmt.[291]

Zur Erfüllung seiner Aufgaben kann der Aufsichtsrat Ausschüsse bilden, jedoch sieht das Genossenschaftsgesetz keine Vorschriften für die Bildung vor. Der Aufsichtsrat kann über die Einsetzung von Ausschüssen zur Überwachung und Prüfung der Unternehmensführung beschließen. Dabei muss der Aufsichtsrat die Funktion festsetzen, ob die Ausschüsse beraten oder entscheiden dürfen. Wiederum kann der Aufsichtsrat jederzeit die Aufgaben eines Ausschusses entziehen.[292] Die Art, der Umfang und die Tätigkeit der Ausschüsse muss der Aufsichtsrat in Form einer Geschäftsordnung festlegen. Wenn die Satzung und die Geschäftsordnung nichts anderes vorsehen, sind Ausschüsse grundsätzlich zulässig und in ihnen dürfen nur Mitglieder des Aufsichtsrats sein. Die Anzahl der Mitglieder im Ausschuss beträgt in der Regel drei Mitglieder. Beispiele für Ausschüsse könnten der Prüfungsausschuss, Personalausschuss oder Investitionsausschuss sein. Ausschüsse dienen der effektiveren Wahrnehmung der Aufgaben im Aufsichtsrat durch Arbeits- und Sachgebietsaufteilung.[293]

Bei der Überwachung und Prüfung des Vorstands muss der Aufsichtsrat auf seine Sorgfaltspflicht und Verantwortlichkeit achten. Nach § 41 GenG gelten sinngemäß die gesamten Vorschriften des § 34 GenG für Vorstandsmitglieder. Analog gelten dieselben Vorschriften nach §§ 116, 93 AktG auch für die Mitglieder im Aufsichtsrat von Kapitalgesellschaften.[294] Daraus

---

[286] Vgl. DCGK, Ziffer 3.2 und Corporate Governance Kodex für Genossenschaften, Ziffer 3.2.

[287] Vgl. Frankenberger/Gschrey/Bauer (2011), S. 55.

[288] Vgl. Sassen (2011), S. 396-397 und Beuthien/Dierkes/Wehrheim (2008), S. 191.

[289] Vgl. Beuthien/Dierkes/Wehrheim (2008), S. 45.

[290] siehe Kapitel 4.5.

[291] Vgl. Rogge (2012), S. 37.

[292] Vgl. Schaffland (2006), § 38 Rdnr.42.

[293] Vgl. Frankenberger/Gschrey/Bauer (2011), S. 32-33.

[294] Vgl. Lutter/Krieger (2008), § 17 Rdnr. 1275.

folgt, dass der Aufsichtsrat keine Leitungsverantwortung, sondern die Aufsichts- bzw. Kontrollverantwortung trägt.[295] Somit können bei schuldhafter Verletzung der Pflichten entweder einzelne Aufsichtsratsmitglieder oder der gesamte Aufsichtsrat in Haftung genommen werden, wenn durch Vorsatz oder Fahrlässigkeit der Genossenschaft Schaden entstanden ist.[296]

Insgesamt kann die Arbeit des Aufsichtsrats unter Berücksichtigung der gesetzlichen Regelungen und Bestimmungen durch die Geschäftsordnung und die Satzung sehr individuell gestaltet werden. Dabei kann der Aufsichtsrat sowohl eine stärkere als auch eine schwächere Position einnehmen. Zugleich kann der Vorstand in seiner Tätigkeit mehr oder weniger Freiheiten durch den Aufsichtsrat und durch die Generalversammlung bzw. Vertreterversammlung erhalten.[297] Um den Herausforderungen der Aufgaben, Rechte und Pflichten gerecht zu werden, übt der Aufsichtsrat sowohl durch kritische Würdigung der Vorstandsberichte als auch durch die Einsichtnahme aller notwendigen Unterlagen der Genossenschaft sein Amt aus. Speziell ist aber jedes Aufsichtsratsmitglied durch die eigene persönliche Kontrolle und Prüfung gefordert.[298]

Infolge dessen rückt die persönliche Eignung und die Qualifikation des Aufsichtsrats in einer Genossenschaft mehr in den Blickwinkel. Nur wer gut qualifiziert und ausgebildet ist, kann eine gewissenhafte Kontrolle und Prüfung der Unternehmensführung ausführen.

5.3 Qualifikation von Aufsichtsratsmitgliedern

Für das Amt des Aufsichtsrats sieht das Genossenschaftsgesetz keine spezifischen fachlichen Qualifikationen vor.[299] Einen Ansatz für eine Qualifikationsanforderung gibt der Corporate Governance Kodex für Genossenschaften bei der Zusammensetzung des Aufsichtsrats. Die Mitglieder des Gremiums sollten über die erforderlichen Kenntnisse, Fähigkeiten und fachlichen Erfahrungen verfügen, um die Aufgaben ordnungsmäßig wahrnehmen zu können.[300]

Außerdem empfiehlt der Kodex für Genossenschaften sinngemäß dem DCGK, dass bei der Bildung von fachlich qualifizierten Ausschüssen sowohl die spezifischen Gegebenheiten als auch die Anzahl der Mitglieder einer Genossenschaft berücksichtigt werden sollten. Nach

---

[295] Vgl. Schaffland (2006), § 41 Rdnr. 1.
[296] Vgl. Frankenberger/Gschrey/Bauer (2011), S. 156-159.
[297] Vgl. Rose/Glorius-Rose (1995), S. 77.
[298] Vgl. Frankenberger/Gschrey/Bauer (2011), S. 48.
[299] Vgl. Gätsch (2009), § 5 Rdnr. 102.
[300] Vgl. Corporate Governance Kodex für Genossenschaften, Ziffer 5.4.1, analog der Ziffer 5.4.1 des DCGK.

dem Kodex dienen die Ausschüsse zur Steigerung der Effizienz der Tätigkeit im Aufsichtsrat und sollten bei der Bearbeitung von komplexen Angelegenheiten helfen.[301] Ziel ist es, dass die Ausschüsse nach fachlichen Qualifikationen der Aufsichtsratmitglieder besetzt werden um effektiver den Aufsichtsrat bei der Kontrolle und Prüfung des Vorstands unterstützen zu können.[302]

Ein ausdrückliches Anforderungsprofil empfiehlt der Kodex für Genossenschaften analog dem DCGK beim Vorsitzenden des Prüfungsausschusses. Dieser sollte Kenntnisse und Erfahrungen nicht nur in der Anwendung von Rechnungslegungsgrundsätzen verfügen, sondern auch im Verfahren der internen Kontrolle. Hinzu kommt, dass er unabhängig und kein ehemaliges Vorstandsmitglied sein sollte.[303] Die Empfehlung für ein Anforderungsprofil für den Vorsitzenden des Prüfungsausschusses ist zwingend notwendig, um mit dem Finanzvorstand und dem Abschlussprüfer die zugewiesenen Aufgaben des Prüfungsausschusses mit entsprechender fachlicher Kompetenz besprechen zu können.[304]

Eine Voraussetzung zur Amtsausführung ist die Unabhängigkeit gegenüber der Genossenschaft, um die Kontrolle des Vorstands gewissenhaft ausführen zu können.[305] Eine weitere Voraussetzung ist, dass ein Aufsichtsratmitglied Mindestkenntnisse und -fähigkeiten benötigt, um die komplexen Zusammenhänge bei der Führung eines Unternehmens verstehen zu können.[306] Zu den Fähigkeiten zählt nicht nur, einen Kenntnisstand über die Aufgaben nach Gesetz und Satzung zu haben, sondern auch einen Überblick zu den Rechten und Pflichten eines Mitglieds im Aufsichtsrat zu besitzen.[307]

Wiederum sollte ein Aufsichtsratmitglied die Eignung haben, sich gründlich auf die Sitzungen vorbereiten zu können. Dazu zählen alle Informationen für einen notwendigen Beschluss zu verstehen und gewissenhaft über Vorstands- und Aufsichtsratbeschlüsse abstimmen zu können.[308] Darüber hinaus sollte ein Aufsichtsratmitglied die Fähigkeit besitzen, einen Jahres- und Konzernabschluss unter Einbeziehung der Prüfungsberichte auf seine Richtigkeit kontrollieren zu können. Außerdem sollte ein Aufsichtsrat über das Wissen zur Evaluierung

---

[301] Vgl. Corporate Governance Kodex für Genossenschaften, Ziffer 5.3.1.
[302] Vgl. v.Werder (2009), S.335.
[303] Vgl. Corporate Governance Kodex für Genossenschaften, Ziffer 5.3.2.
[304] Vgl. Kremer (2005), Rdnr. 999.
[305] Vgl. Schaffland (2006), §36 Rdnr. 15.
[306] Vgl. Gätsch (2009), § 5 Rdnr. 119.
[307] Vgl. Potthoff/Trescher (2003), Rdnr. 805.
[308] Vgl. Gätsch (2009), § 5 Rdnr. 119.

der Ordnungsmäßigkeit, Zweckmäßigkeit und der Wirtschaftlichkeit von Führungsentscheidungen verfügen. Um die Rechtmäßigkeit der Geschäftsführung beurteilen zu können, muss das Aufsichtsratsmitglied einen Überblick über die gesetzlichen Regelungen und über die Satzung verfügen.[309] Diese Kenntnisse und Fähigkeiten sind essentiell zum Verständnis und zur Beurteilung der Arbeit des Vorstands.[310]

Für den Vorsitzenden des Aufsichtsrats ergeben sich weitere Anforderungen an Qualifikationen durch seine besonderen Aufgaben. Er muss in der Lage sein, die Sitzungen vorzubereiten, einzuberufen und zu leiten.[311] Außerdem muss der Vorsitzende den Aufsichtsrat repräsentieren und zugleich als Sprecher des Gremiums fungieren können. Durch seine Verbindungsstelle zwischen Vorstand und dem Aufsichtsrat muss er imstande sein, alle Informationen zwischen den beteiligten Personen rechtzeitig zu verteilen.[312]

Für die Bewältigung seiner Aufgaben benötigt der Aufsichtsratsvorsitzende Erfahrungen aus der Tätigkeit als Mitglied im Aufsichtsrat und genügend Zeit, um gewissenhaft sein Amt ausführen zu können.[313] Durch seinen Informationsvorsprung und den Posten als Leiter des Gremiums muss der Vorsitzende unabhängig und neutral sein. Er darf seine Position nicht ausnutzen, um diskussionsarme und kurze Sitzungen abzuhalten oder um Entscheidungen in seinem Sinne zu manipulieren. Seine Objektivität muss der Vorsitzende bewahren, auch wenn durch den intensiven Kontakt eine starke Vertrautheit mit dem Vorstand entsteht.[314]

Es ergibt sich daher, dass der Vorsitzende Fähigkeiten in der Koordination des Gremiums besitzen muss. Wiederum muss er Fähigkeiten als Motivator besitzen, damit sich alle Aufsichtsratsmitglieder aktiv an der Prüfung und Kontrolle des Vorstands beteiligen. Hinzu kommt, dass der Vorsitzende eine enorme Bedeutung für den Erfolg oder Misserfolg eines Unternehmens hat. Seine Person beeinflusst die Entwicklung im Unternehmen mit. Daher sollte es eine Person sein, die den Anforderungen und Aufgaben als Vorsitzender des Gremiums gerecht werden kann. Er sollte auch eine hohe Akzeptanz bei den Aufsichtsratsmitgliedern haben.[315] Außerdem sollte der Aufsichtsratsvorsitzende versiert sein, als „Team-Leader"

---

[309] Vgl. Potthoff/Trescher (2003), Rdnr. 805.
[310] Vgl. Gätsch (2009), § 5 Rdnr. 119.
[311] Vgl. Schaffland (2006), § 36 Rdnr. 54.
[312] Vgl. Frankenberger/Gschrey/Bauer (2011), S. 129.
[313] Vgl. Feil (2008), S.113.
[314] Vgl. Potthoff/Trescher (2003), Rdnr.1025-1031.
[315] Vgl. Semler (2004). § 4 Rdnr. 1-3.

ein effizientes und erfolgreiches Aufsichtsratsteam aufbauen zu können, um eine wirksame Arbeitskultur im Aufsichtsrat zu erreichen.[316]

Insgesamt sollten alle Aufsichtsratsmitglieder über allgemeine Kompetenzen für die Tätigkeit im Aufsichtsrat verfügen. Dazu zählen sowohl professionelle Sachkompetenzen, Kompetenzen der Lösungsorientierung als auch Strategie- und Veränderungskompetenzen.[317]

In der professionellen Sachkompetenz sollten die Mitglieder in einem spezifischen Kompetenzfeld (z.b. Finanzen, Marketing, Vertrieb, Personal) tätig sein. Dies dient der strategischen Ausrichtung des Unternehmens. Unterstützend sollten dabei die persönlichen Erfahrungen und Eignungen jedes Mitglieds wirken, um Risiken und Chancen des Unternehmens gewissenhaft zu entdecken.[318]

Die persönlichen Eigenschaften wie Durchsetzungsfähigkeit, Beharrlichkeit und Standfestigkeit kennzeichnen die Kompetenz der Lösungsorientierung. Im Mittelpunkt steht die Fähigkeit und der Anspruch zu einer konsequenten Orientierung nach Ergebnissen. Dabei sind nur aktive Mitglieder, die sich durch intensive, hartnäckige Fragestellungen in der Diskussion beteiligen, ein Motor für eine konstruktive Zusammenarbeit im Gremium. Die handwerklichen Fähigkeiten und die persönlichen Wesensmerkmale, wie der Wille zum Engagement im Dienst der Sache, zeichnen die Kompetenz der Lösungsorientierung ebenfalls aus.[319]

Nicht nur die Fähigkeit zum konzeptionellen Denken, sondern auch ein hohes Maß an Abstraktionsvermögen charakterisiert die Strategiekompetenz. Das Aufsichtsratsmitglied muss in der Lage sein, in komplexen Zusammenhängen zu denken, um das Zusammenspiel und die Wirkung aller Unternehmenseinheiten zu verstehen. Nur Aufsichtsratsmitglieder mit einer starken Strategiekompetenz beeinflussen die Gestaltung der Unternehmensstrategie mit und können wesentlich an der Entwicklung und der Implementierung der Unternehmensstrategie mitwirken. Die professionelle Erfahrung und die Fähigkeit sich mit den Strategien des Vorstandes fachkundig und kritisch auseinanderzusetzen, zählt zu den Inhalten der Strategiekompetenz.[320]

---

[316] Vgl. Leube (2009). S. 213.
[317] Vgl. v. Werder (2009), S. 336.
[318] Vgl. Leube (2012), S. 209.
[319] Vgl. v. Werder (2009), S. 336.
[320] Vgl. Leube (2012), S. 209.

Ein Aufsichtsratsmitglied sollte die Eignung mitbringen, sowohl offen für Erneuerungen zu sein als auch stets Annahmen und Lösungswege aktiv zu hinterfragen. Kreativität, Offenheit und Entschlossenheit für Umgestaltungsprozesse spiegeln sich in der Veränderungskompetenz wider. Diese Kompetenz stellt die Fähigkeit dar, beim Wechselspiel zwischen Beratung und Kontrolle die konventionellen Handlungsmuster kritisch und prüfend in Frage zu stellen. Ein Aufsichtsratsmitglied sollte imstande sein, die inhaltlich nötigen Fragen zu stellen, um Nachdenklichkeit zu erzeugen. Darüber hinaus sollte ein Aufsichtsratsmitglied „out of the box" denken, um Impulse für Veränderung durch unkonventionelles Denken und Handeln zu geben.[321]

Ein Aufsichtsratsmitglied muss folglich Mindestkenntnisse und -fähigkeiten vor Amtsantritt besitzen. Er kann diese nicht erst während seiner Amtszeit erwerben oder durch die Hinzuziehung von Sachverständigen ausgleichen. Nimmt das Aufsichtsratsmitglied das Amt ohne Mindestkenntnisse und -fähigkeiten auf, so liegt ein Übernahmeverschulden vor. [322]

Die Fachkenntnis oder Sachkunde in einzelnen Bereichen (Marketing, Steuerrecht, Bilanzierung) richtet sich nach der Größe, Komplexität und systemischen Relevanz des Unternehmens. Diese kann durch eine Fortbildung erreicht werden.[323]

Die Qualifikationsanforderungen von Aufsichtsräten in Genossenschaften werden nicht gemindert, nur weil die Aufsichtsratsmitglieder aus dem Kreis der Mitglieder gewählt werden und das Amt des Aufsichtsrats häufig ein Ehrenamt ist.[324] Der Aufsichtsrat ist ein Abbild der Mitgliederstruktur, und es wird bei den Wahlen zum Aufsichtsrat vielfach nach Gruppeninteresse abgestimmt, statt nach Qualifikation der Kandidaten.[325]

Die Wichtigkeit der Mindestkenntnisse von Aufsichtsratsmitgliedern in einer Genossenschaft muss in den Vordergrund gestellt werden. Ein Anforderungsprofil ist essentiell für die Arbeit im Aufsichtsrat, da die stärkere Professionalisierung des Managements entgegen der Qualifizierung und Weiterbildung von Aufsichtsräten divergiert. Das prestigeträchtige Ehrenamt wandelt sich zu einem arbeitsintensiven Posten als Kontrolleur, Mentor und Impulsgeber.

---

[321] Vgl. v. Werder (2009), S. 337.
[322] Vgl. Potthoff/Trescher (2003), Rdnr. 806.
[323] Vgl. Frankenberger/Gschrey/Bauer (2011), S. 14-15.
[324] Vgl. Grosskopf/Münkner/Ringle (2009). S. 89.
[325] Vgl. Frankenberger/Gschrey/Bauer (2011), S. 149-150.

Daraus ergibt sich eine Qualifizierungsanforderung für Aufsichtsräte in Genossenschaften.[326] In der Satzung können Anforderungen, wie eine bestimmte Ausbildung oder Berufserfahrung von Aufsichtsräten, festgesetzt werden. Es muss gewährleistet werden, dass die festgesetzten Erfordernisse aus der Satzung sachlich gerechtfertigt sind und die Wahlfreiheit nicht beschränkt wird.[327] Die professionelle Kompetenz eines jeden Aufsichtsratsmitgliedes ist dessen ungeachtet essentiell für die Arbeit im Gremium und eine Einarbeitungsphase in die Bedeutung des Unternehmens ist unabdingbar.[328]

5.4 Wesentliche Unterschiede zu Aufsichtsräten in Kapitalgesellschaften

Im Bereich der Zusammensetzung ergibt sich eine Differenz zu Aufsichtsräten in Kapitalgesellschaften. Durch das Selbstverwaltungsprinzip besteht der Aufsichtsrat nur aus den Mitgliedern einer Genossenschaft.[329] Sie setzen sich nicht aus hauptamtlichen Vorständen, wie bei vielen Aktiengesellschaften, zusammen. Auch die Unterstützung der Arbeit des Aufsichtsrats durch Stäbe oder Sekretariate bei großen Kapitalgesellschaften ist bei Genossenschaften nicht gewährleitet.[330] Eine starke Vernetzung von Aufsichtsräten durch Mehrfachmandate, wie bei Aktiengesellschaften, ist bei Aufsichtsratsmitgliedern durch das Selbstverwaltungsprinzip nicht gegeben.[331]

In Satzungen von Kapitalgesellschaften kann ein Entsendungsrecht von Anteilseignern eingeräumt werden, welches bei Genossenschaften nicht existiert. Es ist maximal auf ein Drittel durch Anteilseigner-Vertreter begrenzt.[332] Das Prinzip „Ein Mitglied-eine Stimme" schützt die Genossenschaft vor der Einflussnahme von Großaktionären oder Mehrheitsbeteiligungen mit ihrem hohen Stimmenanteil und der Möglichkeit dadurch im Aufsichtsrat zu sein.[333]

Das Risiko der fehlenden Qualifikation und Kompetenz der Aufsichtsratsmitglieder bei Genossenschaften durch den Grundsatz der Selbstorganschaft bezeichnet das Bundesverfassungsgericht als strukturelles Defizit.[334] Allerdings existiert grundsätzlich eine starke Anfor-

---

[326] Vgl. Weber/Dagott (2006), S.13.
[327] Vgl. Schaffland (2006), § 36 Rdnr. 17.
[328] Vgl. v. Werder (2009), S. 339.
[329] Vgl. § 9 Abs. 2 GenG und weitere Ausführungen in Kapitel 2.2.4.2.
[330] Vgl. Frankenberger/Gschrey/Bauer. (2011), S. 46.
[331] Vgl. Oehmichen (2011), S. 86.
[332] Vgl. Lutter/Krieger (2008), § 1 Rdnr. 14.
[333] Vgl. Frankenberger/Gschrey/Bauer (2011), S. 41.
[334] Vgl. Rogge (2012), S. 71.

derung an Qualifikationen für Aufsichtsräte unabhängig von Größe, Komplexität und Unternehmensform.[335]

Die Vergütung von Aufsichtsräten bei Genossenschaften erfolgt parallel nach dem § 113 AktG. Folglich kann den Aufsichtsratsmitgliedern eine Vergütung für ihre Arbeit im Aufsichtsrat gewährt werden. Die Vergütung sollte im angemessenen Verhältnis zu den Aufgaben und der Lage der Genossenschaft stehen.[336] Nach dem DCGK sollten die Aufsichtsräte bei Kapitalgesellschaften nicht nur eine feste, sondern auch eine erfolgsorientierte Vergütung erhalten.[337] Dagegen darf sich die Vergütung bei Aufsichtsräten in Genossenschaften nicht nach dem Geschäftsergebnis richten.[338]

Der Aufsichtsrat von Kapitalgesellschaften kann dem Vorstand nach § 77 Abs. 2 Satz 1 AktG eine Geschäftsordnung erteilen und den Inhalt mit Bestimmungen festlegen, wenn die Satzung keine andere Regelung vorsieht. Aufsichtsräten in Genossenschaften fehlt diese Rechtsgrundlage.[339]

Nach § 111 Abs. 4 Satz 2 AktG kann die Satzung oder der Aufsichtsrat Zustimmungsvorbehalte für bestimmte Arten von Geschäften des Vorstandes festlegen. In diesem Zustimmungskatalog können die Bereiche Jahresplanung, Investitionsplanung, Gründung von Tochtergesellschaften, der Erwerb bzw. die Veräußerung von Unternehmen und Unternehmensteilen oder auch die Aufnahme und Gewährung von Krediten über eine festgelegte Summe enthalten sein.[340] Lediglich die Satzung einer Genossenschaft kann festlegen, dass bestimmte Geschäfte nur mit Zustimmung des Aufsichtsrats erfolgen dürfen.[341] In diesem Fall hat der Aufsichtsrat in Kapitalgesellschaften die Möglichkeit der rechtsverbindlichen Einflussnahme, welches dem Aufsichtsrat in einer Genossenschaft verwehrt wird und ihm dadurch in eine schwächere Position bringt.[342]

---

[335] Vgl. Leube (2012), S. 203-219; v. Werder (2009), S. 334-345; Frankenberger/Gschrey/Bauer (2011), S. 6-7.
[336] Vgl. Gätsch (2009), § 5 Rdnr. 113.
[337] Vgl. DCGK, Ziffer 5.4.6.
[338] Vgl. § 36 Abs. 2 GenG.
[339] Vgl. Frankenberger/Gschrey/Bauer. (2011), S. 40.
[340] Vgl. Lutter/Krieger (2008), § 3 Rdnr. 109.
[341] Vgl. Gätsch (2009), § 5 Rdnr. 81.
[342] Vgl. Lutter/Krieger (2008), § 3 Rdnr. 103.

Für Aufsichtsräte ergibt sich grundsätzlich das Problem einer kontinuierlichen und ausreichenden Versorgung mit Informationen.[343] Besonders Aufsichtsräte in Genossenschaften stehen vor dem Problem der kontinuierlichen Informationsversorgung. Nach dem GenG ist der Vorstand nicht zu regelmäßigen Berichten an den Aufsichtsrat verpflichtet.[344] Die Aufsichtsratsmitglieder einer Genossenschaft können ihr Recht auf Auskünfte nach § 38 Abs. 1 Satz 4 GenG geltend machen, aber die Auskünfte werden analog § 90 Abs. 3 Satz 2 an den gesamten Aufsichtsrat erteilt.[345] In diesem Fall müssen Aufsichtsräte von Genossenschaften bei der kontinuierlichen Informationsversorgung selbst aktiv sein und ihre Rechte nach § 38 Abs. 1 Satz 2 in Anspruch nehmen.[346]

Bei Kapitalgesellschaften muss der Aufsichtsrat einen Wirtschaftsprüfer zur Prüfung beauftragen.[347] Einen Prüfer bei Genossenschaften kann der Aufsichtsrat von Genossenschaften nicht bestimmen. Dieser wird vom Genossenschaftsverband gestellt, in der die Genossenschaft Mitglied ist.[348] Die Prüfung unterscheidet sich in Zielsetzung, Gegenstand und Umfang von der Prüfung von Kapitalgesellschaften und geht über deren Anforderungen nach § 317 HGB hinaus.[349] Demnach weicht die Ausgestaltung des Prüfberichts nach den §§ 53 Abs. 2, 58 Abs. 1 GenG von denen der Kapitalgesellschaften ab.[350] Für den Aufsichtsrat einer Genossenschaft ist der Prüfbericht ein essentieller Bestandteil für die Unternehmensüberwachung und ermöglicht so die Überprüfung des Förderauftrags.[351]

Der wesentlichste Unterschied von Aufsichtsräten in Genossenschaften zu Aufsichtsräten in Kapitalgesellschaften liegt in der Überwachung und Prüfung der Einhaltung des Förderprinzips durch den Vorstand.[352] Auch die Ausrichtung der Tätigkeit des Aufsichtsrats auf das Member Value im Aufsichtsrat von Genossenschaften ist eine Besonderheit.[353]

---

[343] Vgl. Keßler (2002), S. 35.
[344] Vgl. Lutter/Krieger (2008), § 17 Rdnr. 1260.
[345] Vgl. Gätsch (2009), § 5 Rdnr. 81.
[346] Vgl. Keßler (2002), S. 35-36.
[347] Vgl. § 111 Abs. 2 Satz 3 AktG.
[348] Vgl. Grosskopf/Münkner/Ringle (2009), S. 150.
[349] Vgl. Korte (2006), § 53 Rdnr. 8.
[350] Vgl. Lutter/Krieger (2008), § 17 Rdnr. 1268.
[351] Vgl. Frankenberger et al. (2011), S. 59.
[352] Vgl. Schaffland (2006), § 38 Rdnr. 1.
[353] siehe Kapitel 4.5.

Aber dennoch haben die Aufsichtsräte von Genossenschaften und Kapitalgesellschaften grundsätzlich die gleiche Aufgabe. Sie müssen die Geschäftsführung unabhängig von Größe und Komplexität überwachen.[354]

---

[354] Vgl § 38 Abs. 1 Satz 1 GenG; § 111 Abs. 1 AktG.

6. Empirische Erhebung zur Aufsichtsratsarbeit in Genossenschaften

6.1 Methodik

Für die Erfassung der Besonderheiten und Probleme von Aufsichtsräten in Genossenschaften wurde ein Online-Fragebogen gewählt. Um die Anonymität der Befragten zu gewährleisten und um eine möglichst große Reichweite an Teilnehmern zu erzielen, wurde der Fragebogen ausschließlich online zur Verfügung gestellt. Die Versendung des Fragebogens über den Postweg hätte zu Rückschlüssen geführt, aus welcher Genossenschaft die Teilnehmer sind. Durch Zusendung eines Internetlinks per E-Mail hatten die einzelnen Teilnehmer einen freien Zugang und mussten sich nicht extra registrieren.

Die Genossenschaften wurden unabhängig ihrer Anzahl von Mitgliedern und der Größe ausgewählt. Für die Befragung war es nicht relevant, ob die Genossenschaften erst seit vier Jahren oder bereits seit 100 Jahren existierten. In der E-Mail wurde das Anliegen der Befragung geschildert und um eine Weiterleitung an die Aufsichtsräte der jeweiligen Genossenschaft gebeten. Unterstützt wurde der Fragebogen durch den Rheinisch-Westfälischer Genossenschaftsverband e.V. und der BBA - Akademie der Immobilienwirtschaft e.V. in Berlin. Die Unterstützung seitens des DGRV- Deutscher Genossenschafts- und Raiffeisenverband e.V. und des GdW Bundesverband der deutschen Wohnungs- und Immobilienunternehmen e.V. war nicht möglich. Begründet wurde dies mit dem Verweis auf regionale Prüfverbände bzw. der Anmerkung einer direkten Kontaktaufnahme mit einzelnen Genossenschaften.

Mit der Versendung des Internetlinks für den Online-Fragebogen per E-Mail konnte jedoch nicht sichergestellt werden, dass der Fragebogen direkt an jedes Aufsichtsratsmitglied der jeweils angeschriebenen Genossenschaft zugestellt wurde.

Der Online-Fragebogen umfasst vier Abschnitte[355], wobei im ersten Abschnitt Angaben zur Zusammensetzung des Aufsichtsrats, in der die Teilnehmer ein Mandat haben, erhoben wurden. Im zweiten Abschnitt wurden die Teilnehmer gebeten, sich zu dem Bereich der inneren Ordnung des Aufsichtsrats zu äußern. Der dritte Teil des Fragebogens befasste sich mit dem Gebiet Aufgaben des Aufsichtsrats und der vierte Teil erfasste den Bereich Sonstiges (z.B. Evaluierung des Aufsichtsrats). Insgesamt wurden 43 Fragen zur Darstellung der Arbeit im Aufsichtsrat einer Genossenschaft gestellt. Es erfolgte keine Abfrage zu Mitgliederzahl und

---

[355] Zusätzlich bestand die Möglichkeit Kommentierungen und Anmerkungen bzw. Hinweise zu geben. Aus Gründen des Umfangs wurden die zusätzlichen Informationen nicht in der Auswertung berücksichtig.

zur Größe der Genossenschaft. In der Erstellung des Fragenbogens wurde sich auf eine Umfrage der Weiser, Kuck & Comp. GmbH aus dem Jahre 2006 bezogen.[356]

6.2 Stichprobe

Die Befragung richtete sich an Aufsichtsräte aller Genossenschaftsarten in Deutschland. Es wurden 534 Genossenschaften angeschrieben. Darunter fielen 277 Kreditgenossenschaften, 101 Wohnungsbaugenossenschaften, 145 Energiegenossenschaften und elf weitere Genossenschaftsarten. Der Link zum Online-Fragebogen wurde Ende Februar bis Mitte Juni ausschließlich per E-Mail versandt. Insgesamt gab es elf direkte Absagen per E-Mail, darunter fünf von Kreditgenossenschaften, vier von Wohnungsbaugenossenschaften und eine von Energiegenossenschaften. Im Zeitraum vom 23.02.2012 bis zum 13.07.2012 konnten die Aufsichtsräte online an der Befragung teilnehmen. Der lange Zeitraum ergab sich aus der Schwierigkeit, Genossenschaften bzw. Aufsichtsräte für die Teilnahme an der Befragung zu überzeugen.

Insgesamt haben 67 Aufsichtsräte an der Befragung teilgenommen: aufgeschlüsselt in zwölf Teilnehmer von Kreditgenossenschaften, 27 von Wohnungsbaugenossenschaften, 19 von Energiegenossenschaften und acht von weiteren Genossenschaften. Aufgrund der Anonymität und der nicht direkten Zusendung des Fragenbogens an die Aufsichtsräte konnte eine Teilnehmerquote nicht berechnet werden. Ob eine Weiterleitung an den gesamten Aufsichtsrat einer Genossenschaft oder nur an den Aufsichtsratsvorsitzenden erfolgte, konnte nicht überprüft werden.

Die Erkenntnisse aus der Befragung stellen eine erste Darstellung der Arbeit im Aufsichtsrat einer Genossenschaft dar. Wegen der geringen Teilnehmerzahl sind die Ergebnisse als nicht umfassend repräsentativ zu werten. Allerdings wurden noch keine empirischen Erhebungen zur Aufsichtsratsarbeit in einer Genossenschaft in Deutschland durchgeführt.

6.3 Fehlerbetrachtung

In der Auswertung der Ergebnisse des Fragebogens konnten die Fragen „Welche berufliche Stellung haben Sie?" und „In welcher Branche ist das Unternehmen tätig, indem Sie ein Mandat haben?" nicht berücksichtigt werden. Durch Mehrfachauswahl der vorgegebenen Antwortmöglichkeiten führten beide Fragen zu keinem exakten Ergebnis und konnte nicht in die

---

[356] Vgl. Kuck (2006), S. 14ff.

Auswertung einbezogen werden. Die Frage nach der Amtsdauer erwies sich als nicht aussa-
gekräftig durch die fehlende Eingrenzung bei der Fragestellung. Die beiden Fragen nach der
Anzahl der Mandate konnten aufgrund starker Abweichungen und Mehrfachbeantwortung
nicht in die Auswertung aufgenommen werden. Zur Frage „Wie viele Ausschüsse besitzt ihr
Aufsichtsrat?" gab es keine Möglichkeit der Auswahl von null Ausschüssen und es erfolgte
keine Angabe einer genauen Ausschusszahl.

6.4 Ergebnisse

Die Resultate sind entsprechend den Fragenkomplexen Zusammensetzung (Anzahl der Mitglieder und Ausschüsse), Innere Ordnung, Aufgaben und Sonstige (Evaluierung des Aufsichtsrats) eingeteilt. Die 67 Teilnehmer wurden entsprechend der Übersichtlichkeit in Kreditgenossenschaften, Wohnungsbaugenossenschaften, Energiegenossenschaften und weitere
Genossenschaften gegliedert.

1.   Abschnitt Zusammensetzung von Aufsichtsräten

Mit 16,42% der Befragten sind die Frauen im Vergleich zu den Männern mit 83,58% in Aufsichtsräten von Genossenschaften deutlich unterrepräsentiert. Den höchsten Anteil an Frauen
hatten die Energiegenossenschaften.

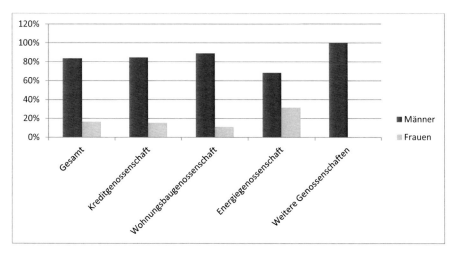

Abbildung 8: Frauenanteil am Aufsichtsrat.

Das Durchschnittsalter der Teilnehmer liegt bei 51 Jahren. Die Aufsichtsratsmitglieder in Wohnungsbaugenossenschaften sind mit 48 Jahren am jüngsten, die Mitglieder in Kreditgenossenschaften sind im Durchschnitt acht Jahre älter.

Um einen Indikator für die Qualifikation von Aufsichtsräten zu erhalten, wurde nach dem akademischen Grad gefragt. Einen Diplomabschluss hatten insgesamt 73% der Befragten, 11 % hatten einen Masterabschluss. Jedoch haben 44% diese Frage nicht beantwortet, weil keine der Auswahlmöglichkeiten auf die Befragten passte. Im Verhältnis zu allen vier Genossenschaftsgruppen hatten die Kredit-, Wohnungsbau- und Energiegenossenschaften die gleiche Quote bei akademischen Abschlüssen. Der akademische Grad kann einen Hinweis auf eine qualitative Tätigkeit liefern.

Für eine effektive Arbeit im Gremium bezeichnen 52% der Befragten sechs Mitglieder als ideal. Dies entspricht der tatsächlichen Zusammensetzung von 45% der meisten Befragten. Wie sich zeigt, ist die mehrheitliche Wunschvorstellung über die Idealanzahl von Mitgliedern im Aufsichtsrat identisch mit der Anzahl der Zusammensetzung in der Praxis.

Um sich vor Haftungsansprüchen bei Verletzung der Sorgfaltspflicht des Aufsichtsrats abzusichern, kann eine Directors & Officers-Versicherung (D&O-Versicherung) abgeschlossen werden.[357] Generell haben Unternehmen in Deutschland in den letzten Jahren eine Vermögensschadenhaftpflichtversicherung für die Mitglieder des Vorstands und für Aufsichtsräte abgeschlossen, darunter fallen auch Genossenschaften.[358]

---

[357] Vgl. Frankenberger/Gschrey/Bauer (2011). S. 162.
[358] Vgl. Gätsch (2009), § 5 Rdnr. 77.

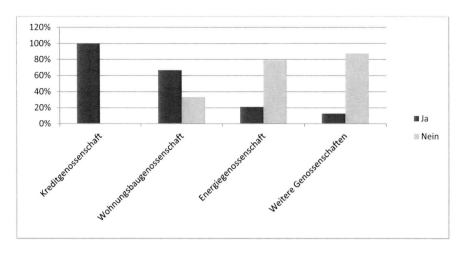

Abbildung 9: Anteil der D&O-Versicherung.

Insgesamt haben 54% der Teilnehmer eine D&O-Versicherung. Auffällig ist, dass bei den Energiegenossenschaften 15 Aufsichtsräte keine D&O-Versicherung besitzen. Ein Grund könnte sein, dass Energiegenossenschaften erst seit ein paar Jahren existieren und sich der Abschluss einer D&O-Versicherung in der Praxis noch nicht etabliert hat.[359] Bei den Aufsichtsräten in Kreditgenossenschaften haben alle Teilnehmer eine D&O-Versicherung.

2.   Abschnitt Innere Ordnung

Die Häufigkeit von Sitzungen bei Genossenschaften kann nach § 110 Abs. 3 AktG zwei Sitzungen pro Kalenderjahr betragen. Genaueres kann in der Satzung oder in der Geschäftsordnung geregelt werden.[360]

---

[359] siehe Kapitel 3.4 Energiegenossenschaften.
[360] Vgl. Gätsch (2009), § 5 Rdnr. 95.

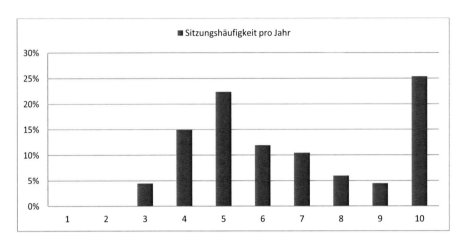

Abbildung 10: Sitzungshäufigkeit der Aufsichtsräte.

Die Sitzungshäufigkeit der Teilnehmer liegt bei vier bis sechs Sitzungen pro Jahr. Zehnmal im Jahr treffen sich 25% der Befragten. Mit 52% lag die Sitzungshäufigkeit der Aufsichtsräte von Wohnungsbaugenossenschaften auffällig hoch, nämlich bei zehnmal im Jahr. Hingegen liegt die Sitzungsdauer bei allen Befragten Aufsichtsräten im Durchschnitt bei zwei bis drei Stunden pro Sitzung. Nur bei fast 20 % der Aufsichtsräte geht eine Sitzung länger als drei Stunden.

Für eine gewissenhafte Kontrolle benötigen Aufsichtsräte eine Vorbereitungszeit. Von 67 Teilnehmern nehmen sich 46% zwei Stunden Zeit. für die Vorbereitung auf eine Sitzung. Gefolgt von 30% der Teilnehmer, die sich eine Stunde lang vorbereiten. Auffällig ist, dass sich sowohl 48% der Aufsichtsräte in Wohnungsbaugenossenschaften als auch 60% der Aufsichtsräte in Kreditgenossenschaften jeweils zwei Stunden Zeit für eine gewissenhafte Kontrolle nehmen. Zusammenfassend nimmt die Mehrheit der befragten Aufsichtsräte sich nicht mehr als ein bis zwei Stunden Zeit zur Vorbereitung.

Die Ergebnisse aus der Sitzungshäufigkeit wurden ins Verhältnis mit der Einladungsfrist gesetzt.

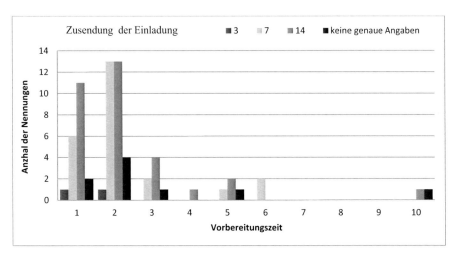

Abbildung 11: Sitzungshäufigkeit mit Einladungsfrist.

Bei einer Einladungsfrist von drei, sieben oder vierzehn Tagen werden überwiegend ein bis zwei Stunden zur Vorbereitung verwendet. Zusammenfassend ist zu erkennen, dass der Zeitraum zur Vorbereitung zwischen ein bis zwei Stunden liegt, unabhängig, wann die Einladung zugesandt wird.

Die Bildung von Ausschüssen dient zur Steigerung der Effizienz der Tätigkeit im Aufsichtsrat.[361] Über die Hälfte der befragten Aufsichtsräte haben ein bis zwei Ausschüsse und sogar fast 50% der Teilnehmer haben drei bis vier Ausschüsse.

---

[361] Vgl. Corporate Governance Kodex für Genossenschaften, Ziffer 5.3.1.

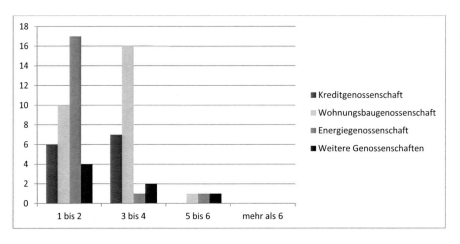

Abbildung 12: Anzahl der Ausschüsse.

Aufgeteilt auf die einzelnen Genossenschaftsgruppen spiegelt sich das Gesamtergebnis aller Aufsichtsräte wider. Es lässt sich daher erkennen, dass in der Praxis nicht mehr als vier Ausschüsse für die Arbeit im Aufsichtsrat gebildet werden.

Die befragten Aufsichtsräte können sich zu 96% kritisch zu einzelnen Themen äußern und bei 99% der Aufsichtsräte wird sich genug Zeit genommen, um alle Punkte einer Tagesordnung angemessen zu besprechen. Dementsprechend weisen nach Auskunft der einzelnen Aufsichtsräte zweidrittel der Aufsichtsräte der Genossenschaften eine gute bis sehr gute Diskussionskultur auf. Nur knapp 20% der Aufsichtsräte bewertet die Diskussionskultur als ausreichend bis ausbaufähig. Dies bestätigt den Anspruch der kritischen Auseinandersetzung und der ausreichenden zeitlichen Befassung mit den Themen im Aufsichtsrat.[362]

Dem entgegen beurteilen nur 94% der Aufsichtsräte die für eine sorgfältige Beschlussfassung zur Verfügung gestellten Informationen als gut. Für die Fragestellung sollte idealerweise das Ergebnis einen Wert von 100% für die Antwortmöglichkeit „gut" aufweisen. Da dies nicht der Fall ist, muss davon ausgegangen werden, dass es Aufsichtsräte gibt, die eine Entscheidung treffen, ohne ausreichend Informationen zu den Entscheidungen zu besitzen.

---

[362] siehe Kapitel 5.3 Qualifikationsanforderung.

Die Zusammenarbeit mit dem Vorstand und mit einzelnen Aufsichtsratsmitgliedern beurteilt rund die Hälfte aller Teilnehmer als gut bis sehr gut. Dies zeigt, dass eine starke Kooperation mit dem Vorstand und unter den Aufsichtsratsmitgliedern in der Genossenschaft existiert.

Zu den Aufgaben des Aufsichtsrats gehören die Abstimmung mit dem Vorstand über strategische Ziele und dessen regelmäßige Überprüfung.[363] Die Notwendigkeit der Überprüfung der strategischen Ziele sehen 99% der Aufsichtsräte. Differenzen ergeben sich jedoch in der Häufigkeit der Überprüfung.

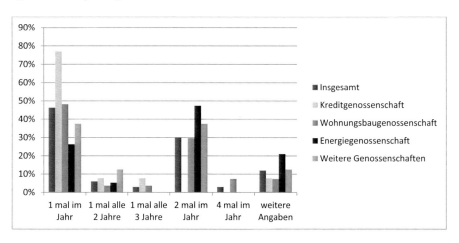

Abbildung 13: Häufigkeit der Strategieüberprüfung.

Zu erkennen ist, dass 46% aller Aufsichtsräte die Strategie mit dem Vorstand einmal im Jahr überprüfen. Bei fast 10% der Aufsichtsräte in Wohnungsbaugenossenschaften und bei 13% der Aufsichtsräte in Energiegenossenschaften wird sogar zweimal im Jahr die Strategie überprüft. Die Notwendigkeit der Überprüfung der Strategie wird in der Praxis umgesetzt. Allerdings gibt es keine Rückschlüsse auf die Art und den Umfang der Überprüfung.

3.   Abschnitt Aufgaben

Die Einführung in die Aufgaben des Aufsichtsrats ist absolut erforderlich, um gewissenhaft die Prüfung und Kontrolle des Vorstands zu vollziehen. Eine Einarbeitungsphase erhielten 75% der Befragten nicht. Jedoch haben 79% der Befragten Unterlagen zur Aufnahme des

---

[363] siehe Kapitel 5.2 Die Rechte, Pflichten und Aufgaben des Aufsichtsrats.

Amtes erhalten. Für die Arbeit im Aufsichtsrat ist wichtig, welche Unterlagen zu Beginn überreicht werden.

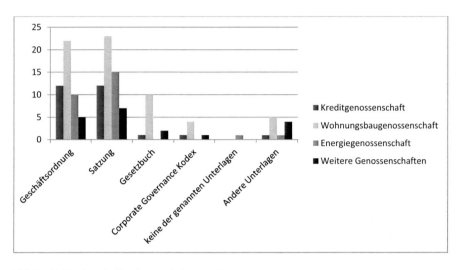

Abbildung 14: Verteilung der Unterlagen nach Genossenschaftsgruppen.

Die Geschäftsordnung und die Satzung erhielten die Aufsichtsräte am häufigsten, unabhängig von der jeweiligen Genossenschaft. Den Corporate Governance Kodex erhielten nur sechs Aufsichtsräte und davon war nur ein Aufsichtsrat, der ein Mandat bei einer Kreditgenossenschaft besaß. Es lässt sich erkennen, dass in der Praxis der Corporate Governance Kodex für Aufsichtsräte in Genossenschaften fast nicht verwendet wird. In diesem Fall sollte eine Anwendung verstärkt bzw. für Genossenschaften zur Pflicht werden.

Für eine kontinuierliche und qualitative Tätigkeit im Aufsichtsrat sind Fortbildungen unabdingbar. Die Teilnahme an Schulungen und Seminaren werden von 90% der Aufsichtsräte als notwendig erachtet.

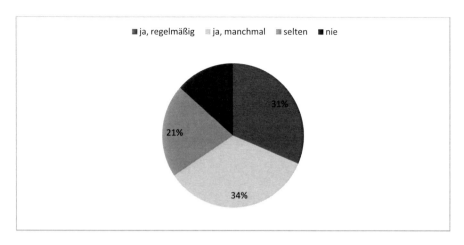

Abbildung 15: Häufigkeit von Fortbildungsmöglichkeiten.

Fortbildungsmöglichkeiten nehmen 65% der Teilnehmer regelmäßig bis manchmal wahr. Nur 14% der Befragten nehmen keine Fortbildungsmöglichkeiten in Anspruch. Festzustellen ist, dass sich Aufsichtsräte in Genossenschaften im Zuge ihrer Tätigkeit im Aufsichtsrat fortbilden. Gleichzeitig halten rund 60% der Aufsichtsräte ein festgelegtes Anforderungsprofil im Bereich Qualifikation für notwendig. Es zeigt, wie wichtig die Qualifikation durch die Aufsichtsräte angesehen wird.

4.   Abschnitt Sonstiges

Kein einheitliches Bild ergibt sich bei der angemessenen Vergütung. Als angemessen betrachten 45% der Teilnehmer ihre Vergütung, jedoch sehen 55% der Befragten, diese als nicht entsprechend des Aufwands und der Tätigkeit an. Aufgeschlüsselt nach Genossenschaften halten Aufsichtsräte in Wohnungsbaugenossenschaften zu 88%, Aufsichtsräte in Kreditgenossenschaften zu 66%, Aufsichtsräte in weiteren Genossenschaften zu 50% und Aufsichtsräte in Energiegenossenschaften zu 31% die Vergütung für angemessen. Zu beachten ist, dass die Wahrnehmung von einer angemessenen Vergütung stark subjektiv geprägt ist. Folglich dient aber auch die Vergütung zur Motivation.

Eine regelmäßige Beurteilung der Arbeit des Aufsichtsrats begrüßen 76% der Befragten. Starke Differenzen ergeben sich bei der Frage, von wem die Beurteilung vorgenommen werden soll.

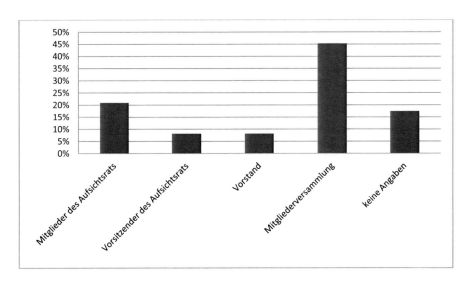

Abbildung 16: Häufigkeit der Beurteilungsgruppen.

Die Mehrheit der Aufsichtsräte ist für eine Beurteilung durch die Mitgliederversammlung. Dieses Ergebnis kann als Indiz für das Prinzip der Selbstverwaltung gelten. Nur 10% der Befragten sehen eine Beurteilung durch den Vorsitzenden über die Arbeit des Gremiums als sinnvoll an. Mit 27% wird die Möglichkeit der Beurteilung des Aufsichtsrats in seinem Tätigkeitsfeld durch die Mitglieder des Aufsichtsrats benannt.

Das Festsetzen von Zielvorgaben ist für eine qualitative Arbeit essentiell. In der Praxis haben nur 52% eigene Zielvorgaben im Aufsichtsrat. Aufgeteilt auf die einzelnen Genossenschaften haben Energiegenossenschaften kaum eigene Zielvorgaben im Aufsichtsrat.

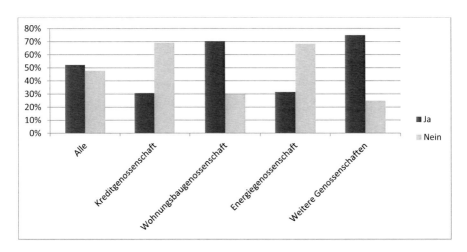

Abbildung 17: Zielvorgaben nach Genossenschaften.

Mit über 70% haben die Aufsichtsräte in Wohnungsbaugenossenschaften und in den weiteren Genossenschaften eigene Zielvorgaben. Mit jeweils rund 30% besitzen die Kreditgenossenschaften und Energiegenossenschaften, Zielvorgaben im Aufsichtsrat.

Gespräche im Vorfeld zur Durchsetzung von Entscheidungen im Aufsichtsrat betrachten 90% der Teilnehmer für sinnvoll und können daher als Ausdruck zur Fraktionsbildung bewertet werden.[364]

---

[364] Vgl. Lutter/Krieger (2008), § 11 Rdnr. 698.

7. Fazit und Ausblick

Das Ziel dieser Untersuchung bestand darin, die Besonderheiten und Probleme im Aufsichtsrat von Genossenschaften darzustellen und auf die steigende Bedeutung einer verantwortungsvollen Unternehmensführung und -überwachung hinzuweisen. Genossenschaften zeichnen sich durch ihre Werte und Prinzipien aus. Der Förderauftrag beeinflusst massiv die Arbeit im Aufsichtsrat und stellt ein signifikantes Alleinstellungsmerkmal des Aufsichtsrats in einer Genossenschaft dar. Die steigende Bedeutung für eine gute und verantwortungsvolle Unternehmensführung führte zu einem eigenen Corporate Governance Kodex für Genossenschaften. Jedoch findet dieser kaum Beachtung und ist ein Ausdruck der fehlenden Debatte über Corporate Governance in Genossenschaften. Nicht die Gewinnmaximierung ist das Ziel, sondern die Förderung der Mitglieder. Die Ausrichtung auf den Member Value prägt, bestimmt und beeinflusst das Handeln von Aufsichtsräten in Genossenschaften. Sie kontrollieren den Vorstand bei seiner Geschäftstätigkeit, wie die Aufsichtsräte in Kapitalgesellschaften, aber unter Berücksichtigung des Förderauftrags.

Der Aufsichtsrat von Genossenschaften unterscheidet sich nicht wesentlich von denen der Kapitalgesellschaften. Die Rechte und Pflichten sind zunehmend durch die Genossenschaftsrechtsnovelle im Jahr 2006 angeglichen worden. Die Besonderheit bei Aufsichtsräten in Genossenschaften liegt darin, dass nur Mitglieder der Genossenschaften im Aufsichtsrat tätig sein dürfen. Das Selbstverwaltungsprinzip verbietet die Besetzung von externen Kandidaten. Dadurch ist es schwierig, geeignete Kandidaten mit entsprechender Qualifikation für den Aufsichtsrat zu besetzen. Außerdem benötigen die Mitglieder im Aufsichtsrat von Genossenschaften notwendige Kompetenzen, um die Arbeit im Aufsichtsrat gewissenhaft zu erfüllen. Ein Anforderungsprofil für Aufsichtsräte in Genossenschaften sollte in der Satzung festgelegt werden. Hinsichtlich der Ergebnisse aus der empirischen Studie ist zu erkennen, dass Aufsichtsräte von Genossenschaften ein Anforderungsprofil begrüßen. Aus der Erhebung ist ferner festzustellen, dass eine Umsetzung des Corporate Governance Kodex für Genossenschaften zu empfehlen ist, um Differenzen in den einzelnen Genossenschaftsarten für die Bereiche Zusammensetzung, innere Ordnung und Aufgaben zu beheben.

Der Kodex ist ein Grundgerüst für die verantwortungsvolle Überwachung und Führung von Aufsichtsrat und Vorstand. Einheitliche Maßstäbe für die Aufgaben im Aufsichtsrat sind wichtig für eine gute Unternehmensführung, unabhängig von der Größe der Genossenschaft.

Auch existieren Anregungen für eine effektive Arbeit im Aufsichtsrat. Ein Kodex kann hier eine Richtung zu einer guten und verantwortungsvollen Unternehmensführung und -überwachung vorgeben. Diese steht im direkten Zusammenhang mit der Arbeit im Aufsichtsrat. Folglich sollte der Aufsichtsrat von Genossenschaften in die Debatten über Corporate Governance mit einbezogen werden.

Insgesamt zeigt sich, dass Aufsichtsräte von Genossenschaften nicht die besseren oder die schlechteren Aufsichtsräte sind. Sie haben dieselben Probleme bei der Gewährleistung von Qualifikationen ihrer Mitglieder im Aufsichtsrat, der Beachtung von Vielfalt der Mitgliederbesetzung unter Einbezug einer angemessenen Beteiligung von Frauen und stehen vor der Problematik von Informationsasymmetrien und dem Prinzipal-Agent Prinzip.

Ein denkbarer Weg um eine gute und kontinuierliche Überwachung des Aufsichtsrats in Genossenschaften zu gewährleisten, ist eine Evaluierung des Aufsichtsrates oder eine Prüfung von Aufsichtsräten in Form einer Zertifizierung. Auch sollte im Hinblick der Auswirkung einer langen Amtsdauer die Unabhängigkeit und Sicherstellung von guter Unternehmensüberwachung geprüft werden.

Abschließend ist darauf hinzuweisen, dass das Ehrenamt im Aufsichtsrat einer Genossenschaft nicht vor der Verantwortung und Wichtigkeit der Unternehmenskontrolle schützt.

Anhang 1: Corporate Governance Kodex für Genossenschaften (Stand 20.11.2010)

1. Präambel

Dieser Deutsche Corporate Governance Kodex für eingetragene Genossenschaften des DGRV sollte genutzt werden, wenn eine Genossenschaft beabsichtigt, einen Corporate Governance Kodex einzuführen.

Der Kodex richtet sich in erster Linie an kapitalmarktorientierte Genossenschaften. Hierzu gehören die Kreditgenossenschaften, sofern sie einen organisierten Markt im Sinne des § 2 Abs. 5 WpHG in Anspruch nehmen. Aber auch andere Genossenschaften, insbesondere solche, die eine hauptamtliche Geschäftsführung haben und/oder der jährlichen Prüfung nach § 53 Abs. 1 Satz 2 GenG unterliegen, können den Kodex ebenfalls nutzen. Der Corporate Governance Kodex für Genossenschaften (im Folgenden: Kodex für Genossenschaften) stellt wesentliche gesetzliche Vorschriften zur Leitung und Überwachung von Genossenschaften (Unternehmensführung) dar und enthält international und national anerkannte Standards guter und verantwortungsvoller Unternehmensführung.

Der Kodex soll das deutsche Corporate Governance System von Genossenschaften transparent und nachvollziehbar machen. Er will das Vertrauen der Mitglieder, der Kunden, der Mitarbeiter und der Öffentlichkeit in die Leitung und Überwachung deutscher Genossenschaften fördern. Gemäß § 1 Abs. 1 GenG hat die Genossenschaft einen besonderen Förderauftrag ihren Mitgliedern gegenüber. Es ist ihr gesetzlich normierter Zweck, ihre Mitglieder wirtschaftlich zu fördern. Dieser Förderauftrag der Genossenschaft kommt vor allem darin zum Ausdruck, dass die Mitglieder die Einrichtungen der Genossenschaft nutzen und mit ihr Fördergeschäftsbeziehungen unterhalten. Die Mitglieder der Genossenschaft sind zugleich ihre Kunden. Der Kodex verdeutlicht die Rechte der Mitglieder, die der Genossenschaft das erforderliche Eigenkapital zur Verfügung stellen und das unternehmerische Risiko tragen.

Der Corporate Governance Kodex für Genossenschaften unterscheidet sich in einigen Punkten vom Deutschen Corporate Governance Kodex für börsennotierte Aktiengesellschaften. Denn viele Regelungen, insbesondere zur Unternehmensleitung und -kontrolle, die erst im Laufe der Zeit für die Kapitalgesellschaften Gesetz wurden bzw. in den Kodex für Aktiengesellschaften aufgenommen wurden, gelten für die Genossenschaften schon seit langer Zeit aufgrund des Genossenschaftsgesetzes bzw. der Satzungen.

Deutschen Genossenschaften ist ein duales Führungssystem gesetzlich vorgegeben:

Der Vorstand leitet die Genossenschaft unter eigener Verantwortung. Die Mitglieder des Vorstands tragen gemeinsam die Verantwortung für die Unternehmensleitung. Bei mehr als zwei Vorstandsmitgliedern sollte ein Vorstandsvorsitzender oder Vorstandssprecher gewählt werden, der die Arbeit der Vorstandsmitglieder koordiniert.

Der Aufsichtsrat überwacht und berät den Vorstand und ist in Entscheidungen, die von grundlegender Bedeutung für die Genossenschaft sind, unmittelbar eingebunden. Der Aufsichtsratsvorsitzende koordiniert die Arbeit im Aufsichtsrat.

Vorstände und Aufsichtsräte müssen Mitglieder der Genossenschaft sein (Selbstorganschaft).

Die Mitglieder des Aufsichtsrats werden in der Generalversammlung von den Mitgliedern oder durch deren Vertreter in einer Vertreterversammlung gewählt.

Bei Genossenschaften mit mehr als 500 bzw. 2.000 Arbeitnehmern im Inland sind auch die Arbeitnehmer im Aufsichtsrat vertreten, der sich dann zu einem Drittel bzw. zur Hälfte aus von den Arbeitnehmern gewählten Vertretern zusammensetzt. Bei Genossenschaften mit mehr als 2.000 Arbeitnehmern hat der Aufsichtsratsvorsitzende, der praktisch immer ein Vertreter der Mitglieder ist, ein die Beschlussfassung entscheidendes Zweitstimmrecht.

Die von den Mitgliedern gewählten Mitgliedervertreter und die Arbeitnehmervertreter sind gleichermaßen dem Unternehmensinteresse verpflichtet.

Alternativ eröffnet die Europäische Genossenschaft (SCE) die Möglichkeit, sich auch in Deutschland für das international verbreitete System der Führung durch ein einheitliches Leitungsorgan (Verwaltungsrat) zu entscheiden.

Die Ausgestaltung der unternehmerischen Mitbestimmung in der SCE wird grundsätzlich durch eine Vereinbarung zwischen der Unternehmensleitung und der Arbeitnehmerseite festgelegt. Die Arbeitnehmer in den EU-Mitgliedstaaten sind einbezogen.

Das auch in anderen kontinentaleuropäischen Ländern etablierte duale Führungssystem und das monistische Verwaltungsratssystem bewegen sich wegen des intensiven Zusammenwirkens von Vorstand und Aufsichtsrat im dualen Führungssystem in der Praxis aufeinander zu und sind gleichermaßen erfolgreich.

Die Rechnungslegung deutscher Unternehmen ist am True-and-fair-view-Prinzip orientiert und vermittelt ein den tatsächlichen Verhältnissen entsprechendes Bild der Vermögens-, Finanz-und Ertragslage der Genossenschaft.

Der Kodex beruht grundsätzlich auf den für Genossenschaften ohnehin geltenden Rechtsvorschriften. Empfehlungen des Kodex sind im Text durch die Verwendung des Wortes „soll" gekennzeichnet. Die Genossenschaften können hiervon abweichen, sind dann aber verpflichtet, dies jährlich offen zu legen. Dies ermöglicht den Genossenschaften die Berücksichtigung branchen-oder unternehmensspezifischer Bedürfnisse. So trägt der Kodex zur Flexibilisierung und Selbstregulierung der deutschen Unternehmensverfassung bei.

Ferner enthält der Kodex Anregungen, von denen ohne Offenlegung abgewichen werden kann; hierfür verwendet der Kodex Begriffe wie „sollte" oder „kann". Die übrigen sprachlich nicht so gekennzeichneten Teile des Kodex betreffen Bestimmungen, die als geltendes Gesetzesrecht von den Genossenschaften zu beachten sind.

Der Kodex spricht im Folgenden durchgängig von der Generalversammlung; bei Genossenschaften mit Vertreterversammlung ist diese gemeint.

Der Kodex wird in der Regel einmal jährlich vor dem Hintergrund nationaler und internationaler Entwicklungen überprüft und bei Bedarf angepasst.

2. Mitglieder und Generalversammlung

2.1 Mitglieder

2.1.1   Die Mitglieder nehmen ihre Rechte in der Generalversammlung wahr und üben dort ihr Stimmrecht aus. In Genossenschaften mit Vertreterversammlung wählen die Mitglieder ihre Vertreter nach demokratischen Grundsätzen.

2.1.2   Jedes Mitglied hat grundsätzlich eine Stimme.

2.2. Generalversammlung

2.2.1   Der Vorstand legt der Generalversammlung den Jahresabschluss und ggf. den Konzernabschluss vor.

Sie stellt den Jahresabschluss fest, entscheidet über die Gewinnverwendung sowie die Entlastung von Vorstand und Aufsichtsrat und wählt die Mitgliedervertreter in den Aufsichtsrat.

Darüber hinaus entscheidet die Generalversammlung über die Satzung und den Gegenstand der Genossenschaft, über Satzungsänderungen und über wesentliche unternehmerische Maßnahmen, die den Kernbereich der Genossenschaft betreffen, insbesondere Unternehmensverträge und Umwandlungen.

2.2.2   Jedes Mitglied ist berechtigt, an der Generalversammlung teilzunehmen, dort das Wort zu Gegenständen der Tagesordnung zu ergreifen und sachbezogene Fragen und Anträge zu stellen. Bei Genossenschaften mit Vertreterversammlung gilt dies für die von den Mitgliedern gewählten Vertreter.

2.2.3   Der Versammlungsleiter sorgt für eine zügige Abwicklung der Generalversammlung. Dabei sollte er sich davon leiten lassen, dass eine ordentliche Generalversammlung spätestens nach 4 bis 6 Stunden beendet ist.

2.3 Einladung zur Generalversammlung, Stimmrechtsvertreter

2.3.1 Die Generalversammlung ist vom Vorstand mindestens einmal jährlich unter Angabe der Tagesordnung einzuberufen. Mitgliederminderheiten (10 % oder ein in der Satzung bestimmter geringerer Teil) sind berechtigt, die Einberufung einer Generalversammlung und die Erweiterung der Tagesordnung zu verlangen. Bei Genossenschaften mit Vertreterversammlung gilt dieses Quorum bezogen auf die Anzahl der Vertreter. Der Vorstand soll die vom Gesetz für die Generalversammlung verlangten Berichte und Unterlagen einschließlich des Geschäftsberichts nicht nur auslegen und den Mitgliedern auf Verlangen übermitteln, sondern ggf. auch auf der Internetseite der Genossenschaft zusammen mit der Tagesordnung veröffentlichen.

2.3.2 Die Mitglieder sollen ihr Stimmrecht persönlich wahrnehmen. Mitglieder, deren gesetzliche Vertreter oder zur Vertretung ermächtigte Gesellschafter können sich im Rahmen der gesetzlichen bzw. satzungsmäßigen Vorschriften durch Bevollmächtigte vertreten lassen.

2.3.3 Die Genossenschaft sollte im Falle einer Vertreterversammlung den Mitgliedern die Verfolgung der Versammlung über moderne Kommunikationsmedien (z. B. Internet) ermöglichen.

3. Zusammenwirken von Vorstand und Aufsichtsrat

3.1 Vorstand und Aufsichtsrat sind nach dem Förderauftrag des § 1 GenG den Mitgliedern gegenüber verpflichtet und arbeiten zum Wohle der Genossenschaft und der Mitglieder eng zusammen.

3.2 Der Vorstand stimmt die strategische Ausrichtung der Genossenschaft mit dem Aufsichtsrat ab und erörtert mit ihm in regelmäßigen Abständen den Stand der Strategieumsetzung.

3.3 Für Geschäfte von grundlegender Bedeutung legt die Satzung Mitwirkungsrechte des Aufsichtsrats fest. Hierzu gehören Entscheidungen oder Maßnahmen, die die Vermögens-, Finanz-oder Ertragslage der Genossenschaft grundlegend verändern.

3.4 Die ausreichende Informationsversorgung des Aufsichtsrats ist gemeinsame Aufgabe von Vorstand und Aufsichtsrat. Der Vorstand informiert den Aufsichtsrat regelmäßig, zeitnah und umfassend über alle für das Unternehmen relevanten Fragen der Planung, der Geschäftsentwicklung, der Risikolage, des Risikomanagements und der Compliance sowie die Einhaltung der genossenschaftlichen Grundsätze. Er geht auf Abweichungen des Geschäftsverlaufs von den aufgestellten Plänen und Zielen unter Angabe von Gründen ein. Der Aufsichtsrat soll die Informations-und Berichtspflichten des Vorstands näher festlegen.

Berichte des Vorstands an den Aufsichtsrat sind durch geeignete Unterlagen zu unterlegen, ansonsten ihrem wesentlichen Inhalt nach in Protokollen zu dokumentieren. Entscheidungsnotwendige Unterlagen, insbesondere der Jahresabschluss, der Konzernabschluss und der Prüfungsbericht, werden den Mitgliedern des Aufsichtsrats – im Falle von Ausschüssen den Mitgliedern des zuständigen Ausschusses – möglichst rechtzeitig vor der Sitzung zur Kenntnis gebracht.

3.5 Gute Unternehmensführung setzt eine offene Diskussion zwischen Vorstand und Aufsichtsrat sowie in Vorstand und Aufsichtsrat voraus. Die umfassende Wahrung der Vertraulichkeit ist von entscheidender Bedeutung. Vorstand und Aufsichtsrat stellen sicher, dass die von ihnen eingeschalteten Mitarbeiter die Verschwiegenheitspflicht in gleicher Weise einhalten.

3.6 In mitbestimmten Aufsichtsräten sollten die Vertreter der Mitglieder und der Arbeitnehmer die Sitzungen des Aufsichtsrats jeweils gesondert, gegebenenfalls mit Mitgliedern des Vorstands, vorbereiten. Der Aufsichtsrat sollte bei Bedarf ohne den Vorstand tagen.

3.7 Vorstand und Aufsichtsrat beachten die Regeln ordnungsgemäßer Unternehmensführung. Verletzen sie die Sorgfalt eines ordentlichen und gewissenhaften Geschäftsleiters bzw. Aufsichtsratsmitglieds einer Genossenschaft schuldhaft, so haften sie der Genossenschaft gegenüber auf Schadensersatz.

Bei unternehmerischen Entscheidungen liegt keine Pflichtverletzung vor, wenn das Mitglied von Vorstand oder Aufsichtsrat vernünftigerweise annehmen durfte, auf der Grundlage angemessener Information zum Wohle der Genossenschaft zu handeln (Business Judgement Rule).

3.8 Die Gewährung von Krediten der Genossenschaft und ihrer Tochtergesellschaften an Mitglieder des Vorstands und des Aufsichtsrats sowie ihre Angehörigen bedarf der vorherigen Zustimmung der übrigen Vorstandsmitglieder und des Aufsichtsrats. Die Generalversammlung hat die Beschränkungen festzusetzen, die bei Gewährung von Kredit an denselben Schuldner eingehalten werden sollen.

3.9 Vorstand und Aufsichtsrat sollen jährlich im Geschäftsbericht über die Corporate Governance der Genossenschaft berichten (Corporate Governance Bericht). Hierzu gehört auch die Erläuterung eventueller Abweichungen von den Empfehlungen dieses Kodex. Dabei kann auch zu den Kodexanregungen Stellung genommen werden. Die Genossenschaft soll nicht mehr aktuelle Entsprechenserklärungen zum Kodex fünf Jahre lang auf ihrer Internetseite zugänglich halten.

4. Vorstand

4.1 Aufgaben und Zuständigkeiten

4.1.1 Der Vorstand leitet die Genossenschaft in eigener Verantwortung.

Er ist dabei der nachhaltigen Förderung der Mitglieder im Sinne des § 1 GenG verpflichtet und an das Unternehmensinteresse der Genossenschaft gebunden.

4.1.2 Der Vorstand entwickelt die strategische Ausrichtung in der Genossenschaft, stimmt sie mit dem Aufsichtsrat ab und sorgt für ihre Umsetzung.

4.1.3 Der Vorstand führt die Geschäfte entsprechend den gesetzlichen Bestimmungen, den unternehmensinternen Richtlinien, der Satzung und der Geschäftsordnung für den Vorstand. Er wirkt auf Beachtung der gesetzlichen Bestimmungen und der unternehmensinternen Richtlinien durch die Konzernunternehmen hin (Compliance).

4.1.4 Der Vorstand sorgt für ein angemessenes Risikomanagement und Risikocontrolling in der Genossenschaft.

4.1.5 Der Vorstand soll bei der Besetzung von Führungsfunktionen in der Genossenschaft auf Vielfalt (Diversity) achten und dabei insbesondere eine angemessene Berücksichtigung von Frauen anstreben.

4.2 Zusammensetzung und Vergütung

4.2.1 Der Vorstand besteht aus mindestens zwei Personen und sollte bei mehr als zwei Vorstandsmitgliedern einen Vorsitzenden oder Sprecher haben.

Eine Geschäftsordnung soll die Arbeit des Vorstands, insbesondere die Ressortzuständigkeiten einzelner Vorstandsmitglieder, die dem Gesamtvorstand vorbehaltenen Angelegenheiten sowie die erforderliche Beschlussmehrheit bei Vorstandsbeschlüssen (Einstimmigkeit oder Mehrheitsbeschluss) regeln.

4.2.2 Das Aufsichtsratsplenum soll auf Vorschlag des Gremiums, das die Vorstandsverträge behandelt, über die Struktur des Vergütungssystems für den Vorstand beraten und soll sie regelmäßig überprüfen. Die Vergütung der Vorstandsmitglieder wird vom Aufsichtsrat unter Einbeziehung von etwaigen Konzernbezügen in angemessener Höhe auf der Grundlage einer Leistungsbeurteilung festgelegt.

Kriterien für die Angemessenheit der Vergütung bilden insbesondere die Aufgaben des jeweiligen Vorstandsmitglieds, seine persönliche Leistung, die Leistung des Vorstands sowie die wirtschaftliche Lage, der Erfolg und die Zukunftsaussichten der Genossenschaft unter Berücksichtigung ihres Vergleichsumfelds.

4.2.3 Die Gesamtvergütung der Vorstandsmitglieder umfasst die monetären Vergütungsteile, die Versorgungszusagen, die sonstigen Zusagen, insbesondere für den Fall der Beendigung der Tätigkeit, Nebenleistungen jeder Art und Leistungen von Dritten, die im Hinblick auf die Vorstandstätigkeit zugesagt oder im Geschäftsjahr gewährt wurden.

Die monetären Vergütungsteile sollten fixe und variable Bestandteile umfassen.

Die variablen Vergütungsteile sollten einmalige sowie jährlich wiederkehrende, an den geschäftlichen Erfolg gebundene Komponenten und auch Komponenten mit langfristiger Anreizwirkung und Risikocharakter enthalten. Sämtliche Vergütungsteile müssen für sich und insgesamt angemessen sein.

Eine nachträgliche Änderung der Erfolgsziele soll ausgeschlossen sein.

Bei Abschluss von Vorstandsverträgen soll darauf geachtet werden, dass Zahlungen an ein Vorstandsmitglied bei vorzeitiger Beendigung der Vorstandstätigkeit ohne wichtigen Grund einschließlich Nebenleistungen den Wert von zwei Jahresvergütungen nicht überschreiten (Abfindungs-Cap) und nicht mehr als die Restlaufzeit des Anstellungsvertrages vergüten. Für die Berechnung des Abfindungs-Caps soll auf die Gesamtvergütung des abgelaufenen Geschäftsjahres und gegebenenfalls auch auf die voraussichtliche Gesamtvergütung für das laufende Geschäftsjahr abgestellt werden.

Der Vorsitzende des Aufsichtsrats soll die Generalversammlung über die Grundzüge des Vergütungssystems und deren Veränderung informieren.

4.2.4 Die Forderungen, die der Genossenschaft gegen Mitglieder des Vorstands zustehen, sind im Anhang des Jahresabschlusses bzw. des Konzernabschlusses anzugeben. Die Beträge dieser Forderungen können in einer Summe zusammengefasst werden.

4.3 Interessenkonflikte

4.3.1 Vorstandsmitglieder unterliegen während ihrer Tätigkeit für die Genossenschaft einem umfassenden Wettbewerbsverbot.

4.3.2 Vorstandsmitglieder und Mitarbeiter dürfen im Zusammenhang mit ihrer Tätigkeit weder für sich noch für andere Personen von Dritten Zuwendungen oder sonstige Vorteile fordern oder annehmen oder Dritten ungerechtfertigte Vorteile gewähren.

4.3.3 Die Vorstandsmitglieder sind dem Unternehmensinteresse verpflichtet. Kein Mitglied des Vorstands darf bei seinen Entscheidungen persönliche Interessen verfolgen und Geschäftschancen, die dem Unternehmen zustehen, für sich nutzen.

4.3.4 Jedes Vorstandsmitglied soll Interessenkonflikte dem Aufsichtsrat gegenüber unverzüglich offen legen und die anderen Vorstandsmitglieder hierüber informieren.

Alle Geschäfte zwischen der Genossenschaft und ihren Tochtergesellschaften einerseits und den Vorstandsmitgliedern sowie ihnen nahestehenden Personen oder ihnen persönlich nahestehenden Unternehmungen andererseits haben branchenüblichen Standards zu entsprechen.

Wesentliche Geschäfte sollen der Zustimmung des Aufsichtsrats bedürfen.

4.3.5 Vorstandsmitglieder sollen Nebentätigkeiten, insbesondere Aufsichtsratsmandate bei nicht mit der Genossenschaft verbundenen Unternehmen, nur mit Zustimmung des Aufsichtsrats übernehmen.

5. Aufsichtsrat

5.1 Aufgaben und Zuständigkeiten

5.1.1 Aufgabe des Aufsichtsrats ist es, den Vorstand bei der Leitung der Genossenschaft regelmäßig zu beraten und zu überwachen. Er ist in Entscheidungen von grundlegender Bedeutung für die Genossenschaft nach Maßgabe der Satzung einzubinden.

5.1.2 Der Aufsichtsrat bestellt und entlässt die Mitglieder des Vorstands, soweit er hierfür nach der Satzung zuständig ist.

Bei der Zusammensetzung des Vorstands soll der Aufsichtsrat auch auf Vielfalt (Diversity) achten und dabei insbesondere eine angemessene Berücksichtigung von Frauen anstreben.

Er soll gemeinsam mit dem Vorstand für eine langfristige Nachfolgeplanung sorgen.

Der Aufsichtsrat kann die Vorbereitung der Bestellung von Vorstandsmitgliedern einem Ausschuss übertragen, der auch die Bedingungen des Anstellungsvertrages einschließlich der Vergütung festlegt.

Die Altersgrenze für hauptamtliche Vorstandsmitglieder soll das gesetzliche Renteneintrittsalter nicht überschreiten.

5.1.3 Der Aufsichtsrat soll sich eine Geschäftsordnung geben.

5.2 Aufgaben und Befugnisse des Aufsichtsratsvorsitzenden

Der Aufsichtsratsvorsitzende koordiniert die Arbeit im Aufsichtsrat, leitet dessen Sitzungen und nimmt die Belange des Aufsichtsrats nach außen wahr.

Der Aufsichtsratsvorsitzende soll zugleich Vorsitzender der Ausschüsse sein, die die Vorstandsverträge behandeln und die Aufsichtsratssitzungen vorbereiten.

Den Vorsitz im Prüfungsausschuss (Audit Committee) sollte er nicht innehaben.

Der Aufsichtsratsvorsitzende soll mit dem Vorstand, insbesondere mit dem Vorsitzenden bzw. Sprecher des Vorstands, regelmäßig Kontakt halten und mit ihm die Strategie, die Geschäftsentwicklung und das Risikomanagement der Genossenschaft beraten.

Der Aufsichtsratsvorsitzende wird über wichtige Ereignisse, die für die Beurteilung der Lage und Entwicklung sowie für die Leitung der Genossenschaft von wesentlicher Bedeutung sind, unverzüglich durch den Vorsitzenden bzw. Sprecher des Vorstands informiert.

Der Aufsichtsratsvorsitzende soll sodann den Aufsichtsrat unterrichten und erforderlichenfalls eine außerordentliche Aufsichtsratssitzung einberufen.

5.3 Bildung von Ausschüssen

5.3.1 Der Aufsichtsrat sollte abhängig von den spezifischen Gegebenheiten der Genossenschaft und der Anzahl ihrer Mitglieder fachlich qualifizierte Ausschüsse bilden. Diese dienen der Steigerung der Effizienz der Aufsichtsratsarbeit und der Behandlung komplexer Sachverhalte. Die jeweiligen Ausschussvorsitzenden berichten regelmäßig an den Aufsichtsrat über die Arbeit der Ausschüsse.

5.3.2 Der Aufsichtsrat sollte abhängig von der Mitgliederzahl einen Prüfungsausschuss (Audit Committee) einrichten, der sich insbesondere mit Fragen der Rechnungslegung, des Risikomanagements und der Compliance befasst und sich weitere Prüfungsschwerpunkte setzt.

Der Vorsitzende des Prüfungsausschusses soll über besondere Kenntnisse und Erfahrungen in der Anwendung von Rechnungslegungsgrundsätzen und internen Kontrollverfahren verfügen. Er sollte unabhängig und kein ehemaliges Vorstandsmitglied der Genossenschaft sein, dessen Bestellung vor weniger als zwei Jahren endete.

5.3.3 Der Aufsichtsrat kann weitere Sachthemen zur Behandlung in einen oder mehrere Ausschüsse verweisen. Hierzu gehören u. a. die Strategie der Genossenschaft, die Vergütung der Vorstandsmitglieder, Investitionen und Finanzierungen.

5.3.4 Der Aufsichtsrat kann vorsehen, dass Ausschüsse die Sitzungen des Aufsichtsrats vorbereiten und darüber hinaus auch anstelle des Aufsichtsrats entscheiden.

5.4 Zusammensetzung und Vergütung

5.4.1 Der Aufsichtsrat ist so zusammenzusetzen, dass seine Mitglieder insgesamt über die zur ordnungsgemäßen Wahrnehmung der Aufgaben erforderlichen Kenntnisse, Fähigkeiten und fachlichen Erfahrungen verfügen.

Dabei soll auch auf die Tätigkeit der Genossenschaft, auf potenzielle Interessenkonflikte und eine festzulegende Altersgrenze für Aufsichtsratsmitglieder sowie auf Vielfalt (Diversity) geachtet werden. Ferner soll eine angemessene Beteiligung von Frauen vorgesehen werden.

Die Mitglieder des Aufsichtsrats nehmen die für ihre Aufgaben erforderlichen Aus-und Fortbildungsmaßnahmen eigenverantwortlich wahr. Dabei sollen sie von der Gesellschaft angemessen unterstützt werden.

5.4.2 Um eine unabhängige Beratung und Überwachung des Vorstands durch den Aufsichtsrat zu ermöglichen, soll dem Aufsichtsrat eine nach seiner Einschätzung ausreichende Anzahl unabhängiger Mitglieder angehören. Ein Aufsichtsratsmitglied ist als unabhängig anzusehen, wenn es in keiner geschäftlichen oder persönlichen Beziehung zu der Genossenschaft oder deren Vorstand steht, die einen Interessenkonflikt begründet.

Eine unabhängige Beratung und Überwachung des Vorstands durch den Aufsichtsrat wird auch dadurch ermöglicht, dass dem Aufsichtsrat keine ehemaligen hauptamtlichen Mitglieder des Vorstands angehören sollten und dass Aufsichtsratsmitglieder keine Organfunktionen oder Beratungsaufgaben bei wesentlichen Wettbewerbern der Genossenschaft ausüben.

5.4.3 Wahlen zum Aufsichtsrat sollen als Einzelwahl durchgeführt werden. Ein Antrag auf gerichtliche Bestellung eines Aufsichtsratsmitglieds soll bis zur nächsten Generalversammlung befristet sein. Kandidatenvorschläge für den Aufsichtsratsvorsitz sollen den Mitgliedern bekannt gegeben werden.

5.4.4 Jedes Aufsichtsratsmitglied achtet darauf, dass ihm für die Wahrnehmung seiner Mandate genügend Zeit zur Verfügung steht. Wer dem Vorstand einer Genossenschaft angehört, sollte insgesamt nicht mehr als fünf Aufsichtsratsmandate in anderen Genossenschaften oder Gesellschaften wahrnehmen.

Wer dem Vorstand einer Genossenschaft angehört, sollte insgesamt nicht mehr als fünf Aufsichtsratsmandate in anderen Genossenschaften oder Gesellschaften wahrnehmen.

5.4.5 Die Vergütung der Aufsichtsratsmitglieder, die nach dem GenG nicht vom Geschäftsergebnis abhängig sein darf, wird (für jedes Aufsichtsratsmitglied einzeln oder als Gesamtbetrag) durch Beschluss der Generalversammlung festgelegt.

Sie trägt der Verantwortung und dem Tätigkeitsumfang der Aufsichtsratsmitglieder sowie der wirtschaftlichen Lage und dem Erfolg der Genossenschaft Rechnung.

Dabei sollen der Vorsitz und der stellvertretende Vorsitz im Aufsichtsrat sowie der Vorsitz und die Mitgliedschaft in den Ausschüssen berücksichtigt werden.

Die Forderungen, die der Genossenschaft gegen Mitglieder des Aufsichtsrats zustehen, sind im Anhang des Jahresabschlusses anzugeben. Die Beträge dieser Forderungen können in einer Summe zusammengefasst werden

5.4.6 Falls ein Mitglied des Aufsichtsrats in einem Geschäftsjahr an weniger als der Hälfte der Sitzungen des Aufsichtsrats teilgenommen hat, soll dies im Bericht des Aufsichtsrats vermerkt werden.

5.5 Interessenkonflikte

5.5.1 Jedes Mitglied des Aufsichtsrats ist dem Interesse der Genossenschaft und ihrer Mitglieder verpflichtet. Es darf bei seinen Entscheidungen weder persönliche Interessen verfolgen noch Geschäftschancen, die der Genossenschaft zustehen, für sich nutzen.

5.5.2 Jedes Aufsichtsratsmitglied soll Interessenkonflikte, insbesondere solche, die auf Grund einer Beratung oder Organfunktion bei Kunden, Lieferanten, Kreditgebern oder sonstigen Geschäftspartnern entstehen können, dem Aufsichtsrat gegenüber offen legen.

5.5.3 Der Aufsichtsrat soll in seinem Bericht an die Generalversammlung über aufgetretene Interessenkonflikte und deren Behandlung informieren.

Wesentliche und nicht nur vorübergehende Interessenkonflikte in der Person eines Aufsichtsratsmitglieds sollen zur Beendigung des Mandats führen.

5.5.4 Berater- und sonstige Dienstleistungs- und Werkverträge eines Aufsichtsratsmitglieds mit der Genossenschaft bedürfen der Zustimmung des Aufsichtsrats.

5.6 Effizienzprüfung

Der Aufsichtsrat soll regelmäßig die Effizienz seiner Tätigkeit überprüfen.

6. Transparenz

6.1 Im Rahmen der laufenden Öffentlichkeitsarbeit sollten die Termine der wesentlichen wiederkehrenden Veröffentlichungen (u. a. Geschäftsbericht, Zwischenberichte) und der Termin der Generalversammlung in einem „Finanzkalender" mit ausreichendem Zeitvorlauf publiziert werden.

6.2 Von der Genossenschaft veröffentlichte Informationen über die Genossenschaft sollten ggf. auch über die Internetseite der Genossenschaft zugänglich sein. Die Internetseite sollte übersichtlich gegliedert sein. Veröffentlichungen von auf internationalen Kapitalmärkten tätigen Genossenschaften sollten auch in englischer Sprache erfolgen.

7. Rechnungslegung und Prüfung

7.1 Rechnungslegung

7.1.1 Mitglieder und Dritte werden vor allem durch den Jahresabschluss und ggf. durch den Konzernabschluss informiert.

7.1.2 Der Jahres-und ggf. der Konzernabschluss werden vom Vorstand aufgestellt und vom Aufsichtsrat sowie von dem nach Gesetz zuständigen genossenschaftlichen Prüfungsverband geprüft.

> Zusätzlich sind bei kapitalmarktorientierten Genossenschaften, deren Wertpapiere im Sinne des § 2 Abs. 1 Satz 1 WpHG an einer inländischen Börse zum Handel im amtlichen oder geregelten Markt zugelassen sind, die Prüfstelle für Rechnungslegung bzw. die Bundesanstalt für Finanzdienstleistungsaufsicht befugt, die Übereinstimmung des Konzernabschlusses mit den maßgeblichen Rechnungslegungsvorschriften zu überprüfen (Enforcement).

7.1.3 Die Genossenschaft soll eine Liste von Drittunternehmen veröffentlichen, an denen sie eine Beteiligung von mindestens 20 % hält.

> Handelsbestände von Kredit-und Finanzdienstleistungsinstituten, aus denen keine Stimmrechte ausgeübt werden, bleiben hierbei unberücksichtigt. Es sollen angegeben werden: Name und Sitz der Gesellschaft, Höhe des Anteils, Höhe des Eigenkapitals und Ergebnis des letzten Geschäftsjahres.

7.1.4 Im Konzernabschluss sollen Beziehungen zu Mitgliedern erläutert werden, die im Sinne der anwendbaren Rechnungslegungsvorschriften als nahestehende Personen zu qualifizieren sind.

7.2 Genossenschaftliche Pflichtprüfung

7.2.1 Die Genossenschaft muss einem Verband angehören, dem das Prüfungsrecht verliehen ist. Der Prüfungsverband ist gesetzlicher Prüfer der Genossenschaft und unterliegt der Rechtsaufsicht der zuständigen obersten Landesbehörde, in deren Gebiet der Verband seinen Sitz hat.

Gegenstand der genossenschaftlichen Pflichtprüfung sind – zwecks Feststellung der wirtschaftlichen Verhältnisse und der Ordnungsmäßigkeit der Geschäftsführung – die Einrichtungen, die Vermögens-, Finanz-und Ertragslage und die Geschäftsführung der Genossenschaft einschließlich der Führung der Mitgliederliste. Im Rahmen dieser Prüfung ist auch der Jahresabschluss unter Einbeziehung der Buchführung und des Lageberichts zu prüfen.

Der Prüfungsverband und seine angestellten Prüfer sind zur gewissenhaften und unparteiischen Prüfung sowie zur Verschwiegenheit verpflichtet. Sie haben die allgemein anerkannten Unabhängigkeitsstandards zu beachten; die Vermeidung von Kollisionsfällen ist gesetzlich geregelt.

Der Prüfungsverband unterliegt der Qualitätskontrolle durch die Berufsaufsicht der Wirtschaftsprüfer.

7.2.2 Vorstand und Aufsichtsrat lassen sich in einer gemeinsamen Sitzung in unmittelbarem Zusammenhang mit der Prüfung vom Prüfer über das voraussichtliche Ergebnis der Prüfung, insbesondere über alle für die Aufgaben des Aufsichtsrats wesentlichen Feststellungen und Vorkommnisse, unverzüglich mündlich berichten.

Die Aufsichtsratsmitglieder können auf ihr Verlangen oder auf Verlangen des Prüfers zur Prüfung hinzugezogen werden.

Von wichtigen Feststellungen, nach denen dem Prüfer sofortige Maßnahmen des Aufsichtsrats erforderlich erscheinen, soll der Prüfer unverzüglich den Vorsitzenden des Aufsichtsrats in Kenntnis setzen.

7.2.3 Über das Ergebnis der Prüfung haben Vorstand und Aufsichtsrat der Genossenschaft in gemeinsamer Sitzung unverzüglich nach Eingang des Prüfungsberichts zu beraten. Verband und Prüfer sind berechtigt, an der Sitzung teilzunehmen; der Vorstand ist verpflichtet, den Verband von der Sitzung in Kenntnis zu setzen.

Der Vorstand hat eine Bescheinigung des Verbandes, dass die Prüfung stattgefunden hat, zum Genossenschaftsregister einzureichen und den Prüfungsbericht bei der Einberufung der nächsten Generalversammlung als Gegenstand der Beschlussfassung anzukündigen.

In der Generalversammlung hat sich der Aufsichtsrat über wesentliche Feststellungen oder Beanstandungen der Prüfung zu erklären.

Anhang 2: Besonderheiten und Unterschiede des Deutschen Corporate Governance Kodex und des Corporate Governance Kodex für Genossenschaften

	DCGK	GCGK
Präambel	<ul><li>richtet sich an börsennotierte Gesellschaften</li><li>auch nicht börsennotierten Gesellschaften wird die Beachtung des Kodex empfohlen</li><li>Hauptversammlung</li><li>Mitglieder des Aufsichtsrats werden von den Aktionären der Hauptversammlung gewählt</li><li>wird in der Regel einmal jährlich vor dem Hintergrund nationaler und internationaler Entwicklungen überprüft und bei Bedarf angepasst, Aktuell wurde er 8 mal angepasst[365]</li></ul>	<ul><li>richtet sich an kapitalmarktorientierte Genossenschaften</li><li>richtet sich auch an Genossenschaften, die eine hauptamtliche Geschäftsleitung haben oder einer jährlichen Prüfung nach §53 Abs. 1 Satz 2 GenG unterliegen</li><li>gemäß §1 Abs. 1 GenG hat die Genossenschaft einen besonderen Förderauftrag ihren Mitgliedern gegenüber</li><li>es ist gesetzlich normierter Zweck, die Mitglieder wirtschaftlich zu fördern</li><li>Generalversammlung bzw. Vertreterversammlung[366]</li><li>Vorstände und Aufsichtsräte müssen Mitglieder der Genossenschaft sein (Selbstorganschaft)</li><li>Mitglieder des Aufsichtsrats werden in der Generalversammlung von den Mitgliedern oder durch deren Vertreter in einer Vertreterversammlung gewählt</li><li>Kodex wird auch in der Regel angepasst an die in-</li></ul>

[365] Vgl. http://www.corporate-governance-code.de/ger/archiv/index.html, Abruf 25.07.2012.
[366] Vgl. bei Genossenschaften mit mehr als 1500 Mitgliedern kann nach §43a, die Generalversammlung aus Vertretern der Mitglieder bestehen.

	DCGK	GCGK
		ternationalen und nationalen Entwicklungen keine Hinweise, wie oft der Kodex bereits angepasst wurde
Ziffer 2.1-2.2	Aktionäre und Hauptversammlung • jede Aktie gewährt grundsätzlich eine Stimme • wählen den Abschlussprüfer • entscheiden über die Ausgabe von neuen Aktien und von Wandel- und Optionsschuldverschreibungen sowie über die Ermächtigung zum Erwerb eigner Aktien • beschließen über die Billigung des Systems der Vergütung der Vorstandsmitglieder • jeder Aktionär ist berechtig, an der Hauptversammlung teilzunehmen	Mitglieder und Generalversammlung • jedes Mitglied hat grundsätzlich nur eine Stimme • der Abschlussprüfer wird vom Prüfungsverband gestellt, in der die Genossenschaft Mitglied ist[367] • jedes Mitglied ist berechtigt, an der Generalversammlung teilzunehmen, jedoch bei Genossenschaften mit Vertreterversammlungen können nur gewählte Vertreter an der Vertreterversammlung teilnehmen
Ziffer 2.3	Einladung zur Hauptversammlung, Briefwahl, Stimmrechtsvertreter • Gesellschaft soll den Aktionären die persönliche Wahrnehmung ihrer Rechte erleichtern, auch durch Briefwahl und Stimmrechtsvertretung	Einladung zur Generalversammlung, Stimmrechtsvertreter • Mitglieder sollen ihr Stimmrecht persönlich wahrnehmen, können aber im Rahmen der gesetzlichen bzw. satzungsmäßigen Vorschriften durch Bevollmächtigte vertreten werden

---

[367] §54 GenG und §55 Abs. 1.

	DCGK	GCGK
		• Keine Briefwahl
Ziffer 4.1 Vorstand Aufgaben und Zuständigkeiten	• Vorstand leitet das Unternehmen in eigener Verantwortung im Unternehmensinteresse, also unter Berücksichtigung der Belange der Aktionäre, seiner Arbeitnehmer und der sonstigen dem Unternehmen verbundenen Gruppen (Stakeholder) mit dem Ziel nachhaltiger Wertschöpfung	• Vorstand leitet die Genossenschaft in eigener Verantwortung. Er ist dabei der nachhaltigen Förderung der Mitglieder im Sinne des § 1 GenG verpflichtet und an das Unternehmensinteresse der Genossenschaft gebunden
Ziffer 4.2 Vorstand Zusammensetzung und Vergütung	• Vorstand soll aus mehreren Personen bestehen[368] • Aufsichtsrat hat dafür zu sorgen, dass variable Vergütungsteile grundsätzlich eine mehrjährige Bemessungsgrundlage haben • sowohl positiven als auch negativen Entwicklungen soll bei der Ausgestaltung der variablen Vergütungsteile Rechnung getragen werden • als variable Vergütungsteile kommen z.B. auf das Unternehmen bezogene aktien- oder kennzahlenbasierte Vergütungselemente in Betracht, diese sollen auf anspruchsvolle, relevante Vergleichsparameter bezogen sein • Gesamtvergütung eines jeden Vorstandsmitglieds wird, aufgeteilt nach fixen und variablen Vergütungsteilen unter Namensnennung offen gelegt, dies kann jedoch von der Hauptversammlung mit einer Dreiviertelmehrheit verhindert werden	• Vorstand besteht aus mindestens zwei Personen • variable Vergütungsteile sollten einmalig sowie jährlich wiederkehrende, an den geschäftlichen Erfolg gebundene Komponenten und auch Komponenten mit langfristiger Anreizwirkung und Risikocharakter enthalten • keine Ziffer zum Thema Offenlegung von Vorstandsvergütung nach dem DCGK Ziffer 4.2.5, es gilt der § 338 Abs. 3 HGB

---

[368] Vgl. nach § 76 Abs. 2 Satz 1 AktG. kann der Vorstand auch aus einer Person bestehen.

	DCGK	GCGK
	• Offenlegung soll in einem Vergütungsbericht erfolgen mit Angaben zur Art der von der Gesellschaft erbrachten Nebenleistungen	
Ziffer 4.3 Vorstand Interessenkonflikte	• keine Besonderheiten oder Unterschiede	• keine Besonderheiten oder Unterschiede
Ziffer 5. Aufsichtsrat Aufgaben und Zuständigkeiten	• ist in Entscheidungen von grundlegender Bedeutung für das Unternehmen einzubinden • bei Erstbestellung sollte die maximal mögliche Bestelldauer von fünf Jahren nicht die Regel sein • die Altersgrenze für Vorstandsmitglieder soll festgelegt werden (individuell)	• ist in Entscheidungen von grundlegender Bedeutung für die Genossenschaft nach Maßgabe der Satzung einzubinden • bestellt und entlässt die Mitglieder des Vorstands, soweit er hierfür nach der Satzung zuständig ist • kein Hinweis auf die Erstbestellung von Vorständen • die Altersgrenze für Vorstandsmitglieder soll das gesetzliche Renteneintrittsalter nicht überschreiten
Ziffer 5.2 Aufgaben und Befugnisse des Aufsichtsratsvorsitzenden	• keine Besonderheiten und Unterschiede	• keine Besonderheiten und Unterschiede

	DCGK	GCGK
Ziffer 5.3 Aufsichtsrat Bildung von Ausschüssen	• Aufsichtsrat soll abhängig von den spezifischen Gegebenheiten des Unternehmens und der Anzahl seiner Mitglieder fachlich qualifizierte Ausschüsse bilden (Empfehlung) • Aufsichtsrat soll einen Prüfungsausschuss einrichten (Empfehlung) • der Prüfungsausschuss soll sich mit der erforderlichen Unabhängigkeit des Abschlussprüfers, der Erteilung des Prüfungsauftrags an den Abschlussprüfer, der Bestimmung von Prüfungsschwerpunkten und der Honorarvereinbarung befassen • Aufsichtsrat soll einen Nominierungsausschuss bilden	• Aufsichtsrat sollte abhängig von den spezifischen Gegebenheiten der Genossenschaft und der Anzahl der Mitglieder fachlich qualifizierte Ausschüsse bilden (Anregung) • Aufsichtsrat sollte abhängig von der Mitgliederzahl einen Prüfungsausschuss einrichten (Anregung) • Prüfungsausschuss beschließt nicht über die Bestellung eines Abschlussprüfers im Kodex, da nach §54 und §55 GenG der Verband prüft • Keine Bildung eines Nominierungsausschusses
Ziffer 5.4 Aufsichtsrat Zusammensetzung und Vergütung	• die Zielsetzung des Aufsichtsrats und der Stand der Umsetzung sollen im Corporate Governance Bericht veröffentlicht werden • dem Aufsichtsrat sollen nicht mehr als zwei ehemalige Mitglieder des Vorstands angehören • Vorstandsmitglieder dürfen vor Ablauf von zwei Jahren nach dem Ende ihrer Bestellung nicht Mitglied des Aufsichtsrats der Gesellschaft werden • wer dem Vorstand einer börsennotierten Gesellschaft angehört, soll insgesamt nicht mehr als drei Aufsichtsratsmandate in konzernexternen börsennotierten Gesellschaften oder in Aufsichtsgremien von Gesellschaften wahrnehmen • Vergütung der Aufsichtsratsmitglieder wird durch	• keine Veröffentlichung der Zielsetzung des Aufsichtsrats • dem Aufsichtsrat sollten kein ehemaligen hauptamtlichen Mitglieder des Vorstandes angehören • kein Bezug zu einer Begrenzung des Wechsels von Vorstandsmitglieder in den Aufsichtsrat im Kodex, jedoch gilt §37 Abs. 2 • wer dem Vorstand einer Genossenschaft angehört, sollte insgesamt nicht mehr als fünf Aufsichtsratsmandate in anderen Genossenschaften oder Gesellschaften wahrnehmen • Vergütung der Aufsichtsratsmitglieder, die nach dem GenG nicht vom Geschäftsergebnis abhängig sein darf, wird durch Beschluss der Generalver-

	DCGK	GCGK
	Beschluss der Hauptversammlung oder in der Satzung festgelegt • die Mitglieder des Aufsichtsrats sollen neben einer festen eine erfolgsorientierte Vergütung erhalten, diese sollte auch auf den langfristigen Unternehmenserfolg bezogene Bestandteile erhalten	sammlung festgelegt
Ziffer 5.5 Aufsichtsrat Interessenkonflikte	• keine Besonderheiten oder Unterschiede	• keine Besonderheiten oder Unterschiede
Ziffer 6. Transparenz	• Vorstand wird Insiderinformationen, die die Gesellschaft unmittelbar betreffen, unverzüglich veröffentlichen, soweit er nicht im Einzelfall von der Veröffentlichungspflicht befreit ist	• Ziffer 6.1 bis 6.6 sind im GCGK nicht enthalten
Ziffer 7.	Rechnungslegung und Abschlussprüfung • Anteilseigner und Dritte werden vor allem durch den Konzernabschluss informiert, aber auch durch den Halbjahresfinanzbericht, sowie im ersten und	Rechnungslegung und Prüfung • Mitglieder und Dritte werden vor allem durch den Jahresabschluss und ggf. durch den Konzernabschluss informiert

DCGK	GCGK
zweiten Halbjahr durch Zwischenmitteilungen oder Quartalsberichte unterrichtet • Konzernabschluss wird vom Vorstand aufgestellt und vom Aufsichtsrat sowie vom Abschlussprüfer geprüft • Der Corporate Governance Bericht soll konkrete Angaben über Aktienprogramme und ähnliche wertorientierte Anreizsysteme der Gesellschaft enthalten • Gesellschaft soll eine Liste von Drittunternehmen veröffentlichen, an denen sie eine Beteiligung von für das Unternehmen nicht untergeordneter Bedeutung hält	• Jahres- und ggf. Konzernabschluss werden vom Vorstand aufgestellt und vom Aufsichtsrat sowie von dem nach Gesetz zuständigen genossenschaftlichen Prüfungsverband geprüft • Genossenschaft soll eine Liste von Drittunternehmen veröffentlichen, an denen sie eine Beteiligung von mindestens 20% hält
Ziffer 7.2 Abschlussprüfung • Ziffer 7.2.1 bis 7.2.4 unterscheiden sich grundsätzlich durch das Aktiengesetz • vor Unterbreitung des Wahlverschlags bzw. der Prüfungsausschuss eine Erklärung des vorgesehenen Prüfers einholen	Genossenschaftliche Pflichtprüfung • Ziffer 7.2.1 bis 7.2.3 befassen sich mit der genossenschaftlichen Prüfung und unterscheiden sich grundsätzlich vom Aktiengesetz • die Genossenschaft muss einem Verband angehören, dem das Prüfrecht verliehen ist, dieser ist gesetzlicher Prüfer der Genossenschaft und unterliegt der Rechtsaufsicht der zuständigen obersten Landesbehörde, in deren Gebiet der Verband seinen Sitz hat

Anhang 3: Auswertung Fragebogen

67 Antworten

Ihr Geschlecht

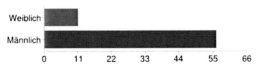

| Weiblich | 11 | 16% |
| Männlich | 56 | 84% |

Manche Teilnehmer wählen mehr als ein Kontrollkästchen aus, sodass die einzelnen prozentualen Anteile insgesamt mehr als 100 % ergeben

Ihr Alter

50	40	37	49	37	50	34	49	49	36	39	66
Jahre	44	59	71	53	50	74	63	46	61	42	54	58	49	57	68	44	49	63	59	57	57	64	74	49
Jahre	34	63	51								
42	46	49	44	36	45	62	29	52	61	31	55	37	57	65	61	53	32	47	61	35	41	57	56	51	57	61	60

Welchen akademischen Grad haben Sie?

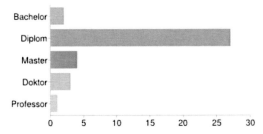

Bachelor	2	5%
Diplom	27	73%
Master	4	11%
Doktor	3	8%
Professor	1	3%

Manche Teilnehmer wählen mehr als ein Kontrollkästchen aus, sodass die einzelnen prozentualen Anteile insgesamt mehr als 100 % ergeben

Welche berufliche Stellung haben Sie?

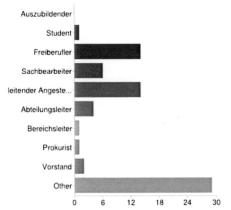

Auszubildender	0	0%
Student	1	1%
Freiberufler	14	21%
Sachbearbeiter	6	9%
leitender Angestellster	14	21%
Abteilungsleiter	4	6%
Bereichsleiter	1	1%
Prokurist	1	1%
Vorstand	2	3%
Other	29	43%

Manche Teilnehmer wählen mehr als ein Kontrollkästchen aus, sodass die einzelnen prozentualen Anteile insgesamt mehr als 100 % ergeben

In welcher Branche ist das Unternehmen tätig, indem Sie ein Mandat haben?

Banken	16	24%
Versicherung	0	0%
Handel	3	4%
Dienstleistung	12	18%
Industrie	1	1%
Energie	18	27%
Handel	3	4%
Landwirtschaft	0	0%
Forstwirtschaft	0	0%
Medien	0	0%
Immobilien	17	25%

Waren Sie früher im Vorstand einer Genossenschaft?

ja	5	7%
nein	62	93%

Manche Teilnehmer wählen mehr als ein Kontrollkästchen aus, sodass die einzelnen prozentualen Anteile insgesamt mehr als 100 % ergeben

In Welcher Genossenschaft sind Sie tätig?

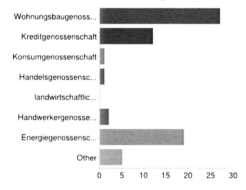

Wohnungsbaugenossenschaft	27	40%
Kreditgenossenschaft	12	18%
Konsumgenossenschaft	1	1%
Handelsgenossenschaft	1	1%
landwirtschaftliche Genossenschaft	0	0%
Handwerkergenossenschaft	2	3%
Energiegenossenschaft	19	28%
Other	5	7%

Manche Teilnehmer wählen mehr als ein Kontrollkästchen aus, sodass die einzelnen prozentualen Anteile insgesamt mehr als 100 % ergeben

Wie lange haben Sie ihr Mandat inne?

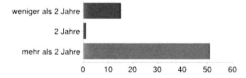

weniger als 2 Jahre	15	22%
2 Jahre	1	1%
mehr als 2 Jahre	51	76%

Manche Teilnehmer wählen mehr als ein Kontrollkästchen aus, sodass die einzelnen prozentualen Anteile insgesamt mehr als 100 % ergeben

Haben Sie mehr als ein Mandat?

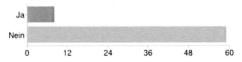

Ja	8	12%
Nein	59	88%

Manche Teilnehmer wählen mehr als ein Kontrollkästchen aus, sodass die einzelnen prozentualen Anteile insgesamt mehr als 100 % ergeben

Wenn ja, wie viele?

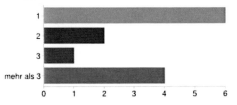

1	6	46%
2	2	15%
3	1	8%
mehr als 3	4	31%

Manche Teilnehmer wählen mehr als ein Kontrollkästchen aus, sodass die einzelnen prozentualen Anteile insgesamt mehr als 100 % ergeben

Wie viele Mitglieder sind in Ihrem Aufsichtsrat?

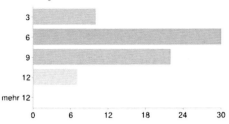

3	10	15%
6	30	45%
9	22	33%
12	7	10%
mehr 12	0	0%

Manche Teilnehmer wählen mehr als ein Kontrollkästchen aus, sodass die einzelnen prozentualen Anteile insgesamt mehr als 100 % ergeben

Welche Anzahl von Mitgliedern würden Sie als passend bezeichnen für eine effektive Arbeit im Gremium?

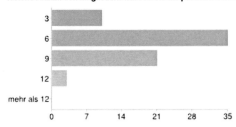

3	10	15%
6	35	52%
9	21	31%
12	3	4%
mehr als 12	0	0%

Manche Teilnehmer wählen mehr als ein Kontrollkästchen aus, sodass die einzelnen prozentualen Anteile insgesamt mehr als 100 % ergeben

Hat der Aufsichtsrat eine D&O Versicherung?

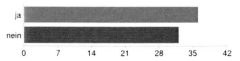

ja	**36**	54%
nein	**32**	48%

Manche Teilnehmer wählen mehr als ein Kontrollkästchen aus, sodass die einzelnen prozentualen Anteile insgesamt mehr als 100 % ergeben

Wie oft treffen Sie sich (Sitzungen pro Jahr)?

1	**0**	0%
2	**0**	0%
3	**3**	4%
4	**10**	15%
5	**15**	22%
6	**8**	12%
7	**7**	10%
8	**4**	6%
9	**3**	4%
10	**17**	25%

Wie viel Zeit nehmen Sie sich zur Vorbereitung auf eine Sitzung ?

1	**20**	30%
2	**31**	46%
3	**7**	10%
4	**1**	1%
5	**4**	6%
6	**2**	3%
7	**0**	0%
8	**0**	0%
9	**0**	0%
10	**2**	3%

Wie lang ist im Durschnitt Ihre Sitzung?

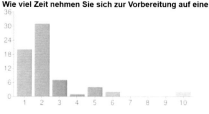

1	**3**	4%
2	**25**	37%
3	**26**	39%
4	**13**	19%
5	**1**	1%
mehr als 5	**4**	6%

Manche Teilnehmer wählen mehr als ein Kontrollkästchen aus, sodass die einzelnen prozentualen Anteile insgesamt mehr als 100 % ergeben

Wann beginnt in der Regel Ihre Sitzung?

18   18.00 Uhr   18.00   17.00 Uhr   17:30:00   1700   17 Uhr   16.50 Uhr   18:00:00   18:00 h   17:00:00   18 Uhr   18.00 Uhr   11:00 Uhr   17.00 Uhr   15.00 uhr   17 bzw. 18 Uhr   16:00 Uhr   18.00   17:00:00   17   17:00:00   1800   17.00 Uhr   19 Uhr   18:00:00   17:00:00   ...

Wie viele Kommissionen bzw. Ausschüsse haben Sie aktuell?

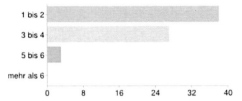

1 bis 2	**38**	57%
3 bis 4	**27**	40%
5 bis 6	**3**	4%
mehr als 6	**0**	0%

Manche Teilnehmer wählen mehr als ein Kontrollkästchen aus, sodass die einzelnen prozentualen Anteile insgesamt mehr als 100 % ergeben

Wie viele Mitglieder sind in den einzelnen Kommissionen bzw. in den Ausschüssen?

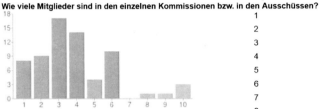

1	**8**	12%
2	**9**	13%
3	**17**	25%
4	**14**	21%
5	**4**	6%
6	**10**	15%
7	**0**	0%
8	**1**	1%
9	**1**	1%
10	**3**	4%

Wann wird Ihnen die Einladung zugesandt?

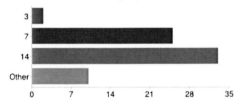

3	**2**	3%
7	**25**	37%
14	**33**	49%
Other	**10**	15%

Manche Teilnehmer wählen mehr als ein Kontrollkästchen aus, sodass die einzelnen prozentualen Anteile insgesamt mehr als 100 % ergeben

Können Sie sich in einer Sitzung kristisch zu einzelnen Themen äußern?

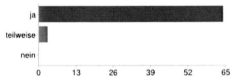

ja	**64**	96%
teilweise	**3**	4%
nein	**0**	0%

Manche Teilnehmer wählen mehr als ein Kontrollkästchen aus, sodass die einzelnen prozentualen Anteile insgesamt mehr als 100 % ergeben

Nimmt der Aufsichtsrat sich genug Zeit um alle Punkte einer Tagesordnung angemessen zu besprechen?

ja	**66**	99%
nein	**1**	1%

Manche Teilnehmer wählen mehr als ein Kontrollkästchen aus, sodass die einzelnen prozentualen Anteile insgesamt mehr als 100 % ergeben

Wie beurteilen Sie die Diskussionskultur im Aufsichtsrat?

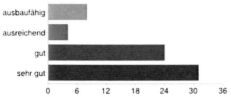

ausbaufähig	**8**	12%
ausreichend	**4**	6%
gut	**24**	36%
sehr gut	**31**	46%

Manche Teilnehmer wählen mehr als ein Kontrollkästchen aus, sodass die einzelnen prozentualen Anteile insgesamt mehr als 100 % ergeben

Bekommen Sie genug Informationen um gewissenhaft Entscheidungen treffen zu können?

ja	**63**	94%
nein	**5**	7%

Manche Teilnehmer wählen mehr als ein Kontrollkästchen aus, sodass die einzelnen prozentualen Anteile insgesamt mehr als 100 % ergeben

Wie beurteilen Sie die Zusammenarbeit mit dem Vorstand?

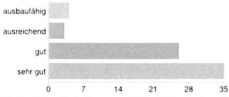

ausbaufähig	**4**	6%
ausreichend	**3**	4%
gut	**26**	39%
sehr gut	**35**	52%

Manche Teilnehmer wählen mehr als ein Kontrollkästchen aus, sodass die einzelnen prozentualen Anteile insgesamt mehr als 100 % ergeben

Wie beurteilen Sie die Zusammenarbeit mit den einzelnen Aufsichtsratmitgliedern?

ausbaufähig	**5**	7%
ausreichend	**8**	12%
gut	**32**	48%
sehr gut	**26**	39%

Manche Teilnehmer wählen mehr als ein Kontrollkästchen aus, sodass die einzelnen prozentualen Anteile insgesamt mehr als 100 % ergeben

Welche Beweggründe führten Sie in den Aufsichtsrat?

Verantwortung für die Entwicklung der Genossenschaft inhaltliches Interesse an der Tätigkeit eines Aufsichtsrates - Neugierde auf die Arbeit eines Aufsichtsrates um veränderungen in der genossenschaft mitzutragen bzw. entscheidungen für das zusammenleben in der genossenschaft mit zutragen, soweit dies bestandteile des aufsichtsrates sind. Eine verantwortungsvolle Tätigkeit neben dem Hauptberuf. Um mehr Einfluß zu haben, als in der Funktion als Vertreter. Einsatz für meine Heimatstadt genossenschaftliches Engagement - Fachwissen aus dem Arbeitsaltag zum Wohle der Genossenschaft einbringen - Neues ...

Gab es eine Einarbeitungsphase?

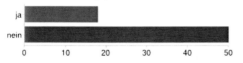

ja	**18**	27%
nein	**50**	75%

Manche Teilnehmer wählen mehr als ein Kontrollkästchen aus, sodass die einzelnen prozentualen Anteile insgesamt mehr als 100 % ergeben

Von welcher Person erfolgte die Einarbeitung?

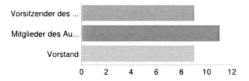

Vorsitzender des Aufsichtsrats	**9**	45%
Mitglieder des Aufsichtsrats	**11**	55%
Vorstand	**9**	45%

Manche Teilnehmer wählen mehr als ein Kontrollkästchen aus, sodass die einzelnen prozentualen Anteile insgesamt mehr als 100 % ergeben

Haben Sie zur Aufnahme Ihres Amtes Unterlagen für die Arbeit im Aufsichtsrat erhalten?

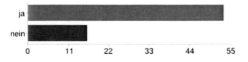

ja	**53**	79%
nein	**16**	24%

Manche Teilnehmer wählen mehr als ein Kontrollkästchen aus, sodass die einzelnen prozentualen Anteile insgesamt mehr als 100 % ergeben

Welche Unterlagen haben Sie zu Beginn Ihres Amtes erhalten?

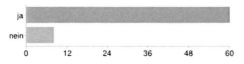

Geschäftsordnung	**49**	73%
Satzung	**58**	87%
Gesetzbuch	**12**	18%
Corporate Governance Kodex	**6**	9%
keine der genannten Unterlagen	**1**	1%
Other	**22**	33%

Manche Teilnehmer wählen mehr als ein Kontrollkästchen aus, sodass die einzelnen prozentualen Anteile insgesamt mehr als 100 % ergeben

Halten Sie Fortbildungen und Seminare für notwendig um einer Kontroll-,Überwachungs- und Beratungsfunktion gerecht zu werden?

ja	**60**	90%
nein	**8**	12%

Manche Teilnehmer wählen mehr als ein Kontrollkästchen aus, sodass die einzelnen prozentualen Anteile insgesamt mehr als 100 % ergeben

Nehmen Sie Fortbildungsmöglichkeiten wahr?

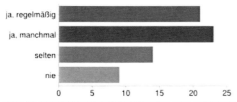

ja, regelmäßig	21	31%
ja, manchmal	23	34%
selten	14	21%
nie	9	13%

Manche Teilnehmer wählen mehr als ein Kontrollkästchen aus, sodass die einzelnen prozentualen Anteile insgesamt mehr als 100 % ergeben

Wird die Aufsichtsrattätigkeit Ihrer Meinung nach angemessen vergütet

| ja | 30 | 45% |
| nein | 37 | 55% |

Ist die Bildung von Aufsichsratsausschüssen Ihrer Meinung nach zweckmäßig

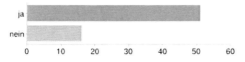

| ja | 51 | 76% |
| nein | 16 | 24% |

Manche Teilnehmer wählen mehr als ein Kontrollkästchen aus, sodass die einzelnen prozentualen Anteile insgesamt mehr als 100 % ergeben

Sollte die Arbeit des Aufsichtsrats regelmäßig beurteilt werden?

| ja | 51 | 76% |
| nein | 16 | 24% |

Manche Teilnehmer wählen mehr als ein Kontrollkästchen aus, sodass die einzelnen prozentualen Anteile insgesamt mehr als 100 % ergeben

Von wem sollte die Beurteilung vollzogen werden?

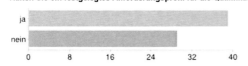

Mitglieder des Aufsichtsrats	18	27%
Vorsitzender des Aufsichtsrats	7	10%
Vorstand	7	10%
Mitgliederversammlung	39	58%
entfällt	15	22%

Manche Teilnehmer wählen mehr als ein Kontrollkästchen aus, sodass die einzelnen prozentualen Anteile insgesamt mehr als 100 % ergeben

Halten Sie ein festgelegtes Anforderungsprofil für die Qualifikation in einem Aufsichtsrat für notwendig?

| ja | 39 | 58% |
| nein | 29 | 43% |

Manche Teilnehmer wählen mehr als ein Kontrollkästchen aus, sodass die einzelnen prozentualen Anteile insgesamt mehr als 100 % ergeben

Sollte der Aufsichtsrat nach entsprechender Vorlage die strategischen Ziele mit dem Vorstand auf Umsetzung regelmäßig überprüfen?

ja	**66**	99%
nein	**1**	1%

Manche Teilnehmer wählen mehr als ein Kontrollkästchen aus, sodass die einzelnen prozentualen Anteile insgesamt mehr als 100 % ergeben

Wie oft überprüft der Aufsichtsrat die strategische Ausrichtung des Unternehmens mit dem Vorstand

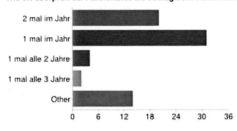

2 mal im Jahr	**20**	30%
1 mal im Jahr	**31**	46%
1 mal alle 2 Jahre	**4**	6%
1 mal alle 3 Jahre	**2**	3%
Other	**14**	21%

Manche Teilnehmer wählen mehr als ein Kontrollkästchen aus, sodass die einzelnen prozentualen Anteile insgesamt mehr als 100 % ergeben

Besitzt ihr Aufsichtsrat eigne Zielvorgaben für die Arbeit im Gremium?

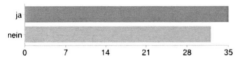

ja	**35**	52%
nein	**32**	48%

Manche Teilnehmer wählen mehr als ein Kontrollkästchen aus, sodass die einzelnen prozentualen Anteile insgesamt mehr als 100 % ergeben

Nach Ihrer Meinung, sind informelle Gespräche im Vorfeld zur Durchsetzung von Entscheidungen im Aufsichtsrat von Bedeutung ?

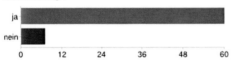

ja	**60**	90%
nein	**7**	10%

Manche Teilnehmer wählen mehr als ein Kontrollkästchen aus, sodass die einzelnen prozentualen Anteile insgesamt mehr als 100 % ergeben

Haben Sie noch Anregungen, Verbesserungsvorschläge, Kritik oder Hinweise?

die Frag zu der Anzahl der Ausschussmitglieder sollte mehrere Möglichkeiten zulassen, die Anzahl kann variieren

Es wird nicht auf die Haftung und die Kompetenzen des AR eingegangen. Die wichtige Aufgabe der Bestellung und Entlassung von Vorständen wird nicht erörtert.   —   Halten Sie ein festgelegtes Anforderungsprofil für die Qualifikation in einem Aufsichtsrat für notwendig? Warum festgelegt? Begriff würde ich streichen. Wird die Aufsicht   ...

Literaturverzeichnis

Eigenständige Titel

Aschhoff, Gunther; Henningsen, Eckart (1985): Das deutsche Genossenschaftswesen. Entwicklung, Struktur, wirtschaftliches Potential. 1. Aufl. Frankfurt am Main: Knapp.

Beuthien, Volker; Dierkes, Stefan; Wehrheim, Michael (2008): Die Genossenschaft - mit der Europäischen Genossenschaft. Recht, Steuer, Betriebswirtschaft. Berlin: Erich Schmidt.

Dieckhoff, Patrick (25.10.11): Ein Verband für alle Fälle. Mediziner schließen sich zunehmend zu Genossenschaften zusammen-um Kosten zu senken und ihre Lobby zu stärken. In: *Financial Times Deutschland*, 25.10.11 (Sonderbeilage Genossenschaften), S. 3.

Diermann, Ralph (2011): Energie aus eigener Hand. Immer mehr Bürger gründen Genossenschaften, um Strom und Wärme selbst zu erzeugen. In: *Financial Times Deutschland*, 25.10.2011 (Sonderbeilage Genossenschaften), S. 2.

Eichwald, Berthold; Lutz, Klaus Josef (2011): Erfolgsmodell Genossenschaften. Möglichkeiten für eine werteorientierte Marktwirtschaft. Wiesbaden: Dt. Genossenschafts-Verl.

Faust, Helmut (1965): Geschichte der Genossenschaftsbewegung: Ursprung und Weg der Genossenschaften im deutschen Sprachraum. 2. Aufl. Frankfurt am Main: Fritz Knapp Verlag.

Feil, Stephan Martin (2008): Basiswissen Aufsichtsrat. Grundlagen einer erfolgreichen Unternehmensüberwachung. Norderstedt: Books on Demand.

Frankenberger, Wilhelm; Gschrey, Erhard; Bauer, Heinrich (2011): Der Aufsichtsrat der Genossenschaft. Ein Leitfaden für die Praxis. 7. Aufl. Wiesbaden: DG-Verl.

Gätsch, Andreas (2008): § 5 Verfassung der Genossenschaft. In: Andreas Gätsch, Marcus Geschwandtner, Marcus Helios, Carsten Höink, Otto Korte, Claus Ritzer et al. (Hg.): Handbuch der Genossenschaft. Recht, Steuerrecht, Rechnungslegung. 1. Aufl. München: Beck, C H, S. 153–251.

Göbel, Elisabeth (2010): Unternehmensethik. Grundlagen und praktische Umsetzung. 2. Aufl. Stuttgart: Lucius & Lucius.

Grosskopf, Werner; Münkner, Hans-Hermann; Ringle, Günther (2009): Unsere Genossenschaft. Idee - Auftrag - Leistungen. Wiesbaden: DG-Verl.

Groth, Julia (2011): Gleich gestimmte auf dem Vormarsch. Das Modell Genossenschaft ist erfolgreicher denn je und erobert immer neue Bereiche. Vor allem berufliche Einzelkämpfer profitieren von gemeinsamen Projekten. In: *Financial Times Deutschland*, 25.10.2011 (Sonderbeilage Genossenschaften), S. 1.

Grundei, Jens; Zaumseil, Peter: Der Aufsichtsrat in der Corporate Governance-Diskussion. In: Grundei, Jens; Zaumseil, Peter: Der Aufsichtsrat im System der Corporate Governance- Betriebswirtschaftliche und juristische Perspektiven, S. 17–25.

Haimann, Richard (2012): "Wir bauen eine bessere Welt". Kongress in Berlin feiert im Juni die mehr als hundertjährige Erfolgsgeschichte und berät über die aktuellen Herausforderungen. In: *Berliner Morgenpost*, 12.05.2012 (Immobilien), S. 12.

Helios, Marcus (2008): Einleitung. In: Andreas Gätsch, Marcus Geschwandtner, Marcus Helios, Carsten Höink, Otto Korte, Claus Ritzer et al. (Hg.): Handbuch der Genossenschaft. Recht, Steuerrecht, Rechnungslegung. 1. Aufl. München: Beck, C H, S. 1–26.

Higl, Michael (op. 2008): Theorie der Genossenschaft. Eine industrieökonomische Analyse. Frankfurt a.M. ;, Bern: P. Lang.

Hüffer, Uwe (2007): Gesellschaftsrecht. Textausgabe. 9. Aufl. München: Deutscher Taschenbuch Verl.; C.H. Beck.

Keßler, Jürgen (2002): Genossenschaften. Rechtsform mit Zukunft oder Relikt der Vergangenheit? 1. Aufl. Hamburg: Hammonia, Fachverl. für die Wohnungswirtschaft.

Keßler, Jürgen; Herzberg, Anja (2006): Das neue Genossenschaftsrecht. Ausblicke und Materialien zur Einführung der Europäischen Genossenschaft und zur Änderung des Genossenschaftsgesetzes. Hamburg: Hammonia, Fachverl. für die Wohnungswirtschaft.

Kluge, Arnd Holger (1991): Geschichte der deutschen Bankgenossenschaften. Zur Entwicklung mitgliederorientierter Unternehmen. Frankfurt am Main: Knapp.

Korte, Otto (2006): § 53 Pflichtprüfung. In: Hans-Jürgen Schaffland (Hg.): Lang/Weidmüller Genossenschaftsgesetz // Genossenschaftsgesetz. Gesetz, betreffend die Erwerbs- und Wirtschaftsgenossenschaften. Mit Erläuterungen zum Umwandlungsgesetz ; Kommentar // (Gesetz betreffend die Erwerbs- und Wirtschaftsgenossenschaften); mit Erläuterungen zum Umwandlungsgesetz; Kommentar. 37 // 35. Berlin: Walter de Gruyter GmbH&Co.KG.; de Gruyter Recht, S. 663–682.

Kremer, Thomas (2005): Prüfungsausschuss. In: Henrik-Michael Ringleb, Thomas Kremer, Marcus Lutter und Axel v. Werder (Hg.): Kommentar zum Deutschen Corporate-Governance-Kodex. Kodex-Kommentar. 2. Aufl. München: Beck, S. 222–227.

Kremer, Thomas (2005): Zuständigkeiten für Vorstandsangelegenheiten. In: Henrik-Michael Ringleb, Thomas Kremer, Marcus Lutter und Axel v. Werder (Hg.): Kommentar zum Deutschen Corporate-Governance-Kodex. Kodex-Kommentar. 2. Aufl. München: Beck, S. 211–215.

Kuck, Dieter (2006): Aufsichtsräte und Beiräte in Deutschland. Rahmenbedingungen, Anforderungen, professionelle Auswahl. Wiesbaden: Betriebswirtschaftlicher Verlag Dr. Th. Gabler GWV Fachverlage GmbH, Wiesbaden (GWV).

Lattemann, Christoph (2010): Corporate Governance im globalisierten Informationszeitalter. München: Oldenbourg Wirtschaftsverlag GmbH.

Laurinkari, Juhani; Brazda, Johann (1990): Genossenschaftliche Grundprinzipien. In: Juhani Laurinkari, Johann Brazda und Cooperation. (Hg.): Genossenschaftswesen. Hand- und Lehrbuch. München: R. Oldenbourg, S. 69–78.

Lebert, Rolf (2012): Von wegen Klemme. Das Einlagenpolster der Volks- und Raiffeisenbanken ist dick wie nie, entsprechend kreditfreudig sind die Institute. Nur fürchten sie Basel III. In: *Financial Times Deutschland*, 04.05.2012 (Sonderbeilage Genossenschaftsbanken), S. 1.

Leube, Berthold (2012): Personelle Besetzung des Aufsichtsrates:Qualifikationsanforderungen und Auswahl der Aufsichtsratsmitglieder. In: Jens Grundei und Peter Zaumseil (Hg.): Der Aufsichtsrat im System der Corporate Governance. Betriebswirtschaftliche und juristische Perspektiven. Wiesbaden: Gabler Verlag, S. 201–219.

Lüke, Olaf (2001): Chancen für Genossenschaften im Zuge der Privatisierung. Ein Überblick über die prinzipiell bestehenden Möglichkeiten sowie fördernde und hemmende Kräfte in Gesellschaft und Recht. Aachen: Shaker.

Lutter, Marcus (2009): Deutscher Corporate Governance Kodex. In: Peter Hopt Klaus J. Werder Axel v. Hommelhoff (Hg.): Handbuch corporate governance. Leitung und Überwachung börsennotierter Unternehmen in der Rechts- und Wirtschaftspraxis. 2. Aufl. Stuttgart, Köln: Schäffer-Poeschel; Schmidt, S. 123–135.

Lutter, Marcus; Krieger, Gerd (2008): Rechte und Pflichten des Aufsichtsrats. 5. Aufl. Köln [Germany]: Dr. Otto Schmidt.

Mändle, Eduard (1989): Genossenschaften. Wesen, Unternehmensziele, Entscheidungsstruktur, ordnungspolitische Einstufung, Geschichte. Nürtingen: Hochschulbund Nürtingen.

Markus Hanisch (Hrsg.) (2002): Genossenschaftsmodelle - zwischen Auftrag und Anpassung. Berlin: Institut für Genossenschaftswesen.

Müller-Michaels, Olaf (2012): Aufsichtsrat und Deutscher Corporate Governance Kodex. In: Jens Grundei und Peter Zaumseil (Hg.): Der Aufsichtsrat im System der Corporate Governance. Betriebswirtschaftliche und juristische Perspektiven. Wiesbaden: Gabler Verlag, S. 57–73.

Mundt, Jürgen (2012): Planungen laufen auf Hochtouren. Berliner Genossenschaften sind vorbereitet und wollen bis zu 600 Wohnungen neu bauen. In: *Berliner Morgenpost*, 12.05.2012 (Immobilien), S. 15.

Oehmichen, Jana (2011): Mehrfachmandate von Aufsichtsratsmitgliedern. Eine Panel-Analyse ihrer Wirkung in deutschen Unternehmen. 1. Aufl. München ;, Mering: Hampp.

Opalka, Joachim (2001): Eine Zukunft für Wohnungsgenossenschaften. Organisation, Finanzierung, Chancen aus juristischer Sicht. Berlin: Edition Sigma.

Potthoff, Erich; Trescher, Karl; Theisen, Manuel René (2003): Das Aufsichtsratsmitglied. Ein Handbuch der Aufgaben, Rechte und Pflichten. 6. Aufl. Stuttgart: Schäffer-Poeschel.

Ringleb, Henrik-Michael (2005): Zusammensetzung, Geschäftsordnung. In: Henrik-Michael Ringleb, Thomas Kremer, Marcus Lutter und Axel v. Werder (Hg.): Kommentar zum Deutschen Corporate-Governance-Kodex. Kodex-Kommentar. 2. Aufl. München: Beck, S. 164–169.

Rogge, René (2012): Corporate Governance in Genossenschaften. Funktionalität und Zukunftsfähigkeit. Saarbrücken: AV Akademikerverlag.

Rönnebeck, Gerhard (1997): Genossenschaftssichten. Genossenschaftswissenschaftliche Wortmeldungen ; Gerhard Rönnebeck zum 70. Geburtstag. Hg. v. Rolf Steding. Berlin: Inst. für Genossenschaftswesen.

Rose, Gerd; Glorius-Rose, Cornelia (1995): Unternehmungsformen und -verbindungen. Rechtsformen, Beteiligungsformen, Konzerne, Kooperationen, Umwandlungen (Formwechsel, Verschmelzungen und Spaltungen) in betriebswirtschaftlicher, rechtlicher und steuerlicher Sicht. 2. Aufl. Köln: Dr. Otto Schmidt.

Sassen, Remmer (2011): Fortentwicklung der Berichterstattung und Prüfung von Genossenschaften. Eine betriebswirtschaftliche und empirische Analyse vor dem Hintergrund des genossenschaftlichen Förderauftrags. 1. Aufl. Wiesbaden: Betriebswirtschaftlicher Verlag Gabler.

Sassen, Remmer: Optimierung des Fördererfolgsreporting und der Prüfung von Genossenschaften-Vorschläge zur Änderung des Genossenschaftsrechts. In: ZfgG Zeitschrift für das gesamte Genossenschaftswesen, Bd. 62, S. 35 bis 50.

Schaffland, Hans-Jürgen (2006): § 36 Aufsichtsrat. In: Hans-Jürgen Schaffland (Hg.): Lang/Weidmüller Genossenschaftsgesetz // Genossenschaftsgesetz. Gesetz, betreffend die Erwerbs- und Wirtschaftsgenossenschaften. Mit Erläuterungen zum Umwandlungsgesetz ; Kommentar // (Gesetz betreffend die Erwerbs- und Wirtschaftsgenossenschaften); mit Erläuterungen zum Umwandlungsgesetz; Kommentar. 37 // 35. Berlin: Walter de Gruyter GmbH&Co.KG.; de Gruyter Recht, S. 422–454.

Schaffland, Hans-Jürgen (2006): § 38 Aufgaben des Aufsichtsrats. In: Hans-Jürgen Schaffland (Hg.): Lang/Weidmüller Genossenschaftsgesetz // Genossenschaftsgesetz. Gesetz, betreffend die Erwerbs- und Wirtschaftsgenossenschaften. Mit Erläuterungen zum Umwandlungsgesetz ; Kommentar // (Gesetz betreffend die Erwerbs- und Wirtschaftsgenossenschaften); mit Erläuterungen zum Umwandlungsgesetz; Kommentar. 37 // 35. Berlin: Walter de Gruyter GmbH&Co.KG.; de Gruyter Recht, S. 463–481.

Schaffland, Hans-Jürgen (2006): § 41 Sorgfaltspflicht und Verantwortlichkeit der Aufsichtsratsmitglieder. In: Hans-Jürgen Schaffland (Hg.): Lang/Weidmüller Genossenschaftsgesetz // Genossenschaftsgesetz. Gesetz, betreffend die Erwerbs- und Wirtschaftsgenossenschaften. Mit Erläuterungen zum Umwandlungsgesetz ; Kommentar // (Gesetz betreffend die Erwerbs- und Wirtschaftsgenossenschaften); mit Erläuterungen zum Umwandlungsgesetz; Kommentar. 37 // 35. Berlin: Walter de Gruyter GmbH&Co.KG.; de Gruyter Recht, S. 505–520.

Schlelein, Bettina (2007): Wohnungsgenossenschaftliche Kooperationspotentiale. Eine theoriegeleitete empirische Untersuchung. Aachen: Shaker.

Schmidt, Timo (2011): Corporate governance, controlling und Unternehmenserfolg. Konzeptionelle Gestaltung und empirische Analyse. Frankfurt am Main [u.a.]: Peter Lang GmbH.

Schulte, Günther (2006): § 1 Wesen der Genossenschaft. In: Hans-Jürgen Schaffland (Hg.): Lang/Weidmüller Genossenschaftsgesetz // Genossenschaftsgesetz. Gesetz, betreffend die Erwerbs- und Wirtschaftsgenossenschaften. Mit Erläuterungen zum Umwandlungsgesetz ; Kommentar // (Gesetz betreffend die Erwerbs- und Wirtschaftsgenossenschaften); mit Erläuterungen zum Umwandlungsgesetz; Kommentar. 37 // 35. Berlin: Walter de Gruyter GmbH&Co.KG.; de Gruyter Recht, S. 53–97.

Semler, Johannes (2004): § 4 Die Arbeit des Aufsichtsratsvorsitzenden. In: Johannes Semler und Kersten v. Schneck (Hg.): Arbeitshandbuch für Aufsichtsratsmitglieder. München: Franz Vahlen GmbH, C.H. Beck, S. 135–194.

Sommer, Sarah (2012): WGs in bester Lage. Wohnungen von Genossenschaften stehen hoch im Kurs. Sie sind erschwinglich und liegen oft in begehrten Stadtvierteln. In: *Financial Times Deutschland*, 25.10.2012 (Sonderbeilage Genossenschaften), S. 6.

Steding, Rolf (1994): Genossenschaftsrecht im Spannungsfeld von Bewahrung und Veränderung. Göttingen: Vandenhoeck & Ruprecht.

Steding, Rolf (2006): Die Genossenschaftsidee: Chancen und Klippen eines Kooperationskonzepts aus rechtlicher Sicht. Eine Anthologie von Beiträgen zu ausgewählten Aspekten der Genossenschaft und ihrer Gestaltung. Berlin: Inst. für Genossenschaftswesen.

Steding, Rolf; Fiedler, Christine (1998): Die Beteiligung der Genossenschaft an Unternehmen anderer Rechtsformen. Eine Studie zu [section] 1 Abs. 2 GenG. Berlin: Inst. für Genossenschaftswesen.

Stiglbauer, Markus (2010): Corporate Governance Berichterstattung und Unternehmenserfolg. Eine empirische Untersuchung für den deutschen Aktienmarkt. 1. Aufl. Wiesbaden: Gabler.

Talaulicar, Till (2006): Unternehmenskodizes. Typen und Normierungsstrategien zur Implementierung einer Unternehmensethik. 1. Aufl. Wiesbaden: Dt. Univ.-Verl.

Volz, Richard (2011): Zur Umsetzung des Förderauftrags in Energiegenossenschaften. In: *Zeitschrift für das gesamte Genossenschaftswesen* 61 (4), S. 289–304.

Weber, Walter; Dagott, Marc-Philipp (2006): Ehrenamt im Wandel:Betrachtungen zu Corporate Governance in der Überwachung. In: *Dialog* (62), S. 12–13.

Werder, Axel v. (2005): Das duale Führungssystem der deutschen Aktiengesellschaft. In: Henrik-Michael Ringleb, Thomas Kremer, Marcus Lutter und Axel v. Werder (Hg.): Kommentar zum Deutschen Corporate-Governance-Kodex. Kodex-Kommentar. 2. Aufl. München: Beck, S. 36–37.

Werder, Axel v. (2005): Entstehungshintergrund des Kodex. In: Henrik-Michael Ringleb, Thomas Kremer, Marcus Lutter und Axel v. Werder (Hg.): Kommentar zum Deutschen Corporate-Governance-Kodex. Kodex-Kommentar. 2. Aufl. München: Beck, S. 11–14.

Werder, Axel v. (2005): Verbindlichkeit der Kodexbestimmungen. In: Henrik-Michael Ringleb, Thomas Kremer, Marcus Lutter und Axel v. Werder (Hg.): Kommentar zum Deutschen Corporate-Governance-Kodex. Kodex-Kommentar. 2. Aufl. München: Beck, S. 50–52.

Werder, Axel v. (2009): Qualifikation und Auswahl von Aufsichtsratsmitgliedern aus betriebswirtschaftlicher Sicht. In: Peter Hopt Klaus J. Werder Axel v. Hommelhoff (Hg.): Handbuch corporate governance. Leitung und Überwachung börsennotierter Unternehmen in der Rechts- und Wirtschaftspraxis. 2. Aufl. Stuttgart, Köln: Schäffer-Poeschel; Schmidt, S. 331–347.

Werder, Axel v.; Bartz, Jenny (2012): Corporate Governance Report 2012: Kodexregime und Kodexinhalt im Urteil der Praxis. In: *Der Betrieb* 65 (16), S. 869–878.

Werder, Axel v.; Böhme, Jenny (2011): Corporate Governance Report 2011. -Zur tatsächlichen Anwendung ausgewählter Kodexbestimmungen für Hauptversammlung und Aufsichtsrat (Teil I)-. In: *Der Betrieb* 64 (23), S. 1285–1290.

Winter, Hans-Werner (1982): Genossenschaftswesen. Stuttgart: W. Kohlhammer.

Zerche, Jürgen; Schmale, Ingrid; Blome-Drees, Johannes (1998): Einführung in die Genossenschaftslehre. Genossenschaftstheorie und Genossenschaftsmanagement. München ;, Wien: Oldenbourg.

Internetquellen und elektronische Dokumente

Berlin Music Commison (o.J.): Berlin Music Commission - The Music Network of Berlin - Über uns - Profil. URL: http://www.berlin-music-commission.de/71-1-Profil.html, Abruf am 27.05.2012.

Berliner Volksbank eG (o.J.): Corporate Governance Kodex für Genossenschaften. URL: http://www.berliner-volksbank.de/content/dam/f0120-0/dokumente/die_bank/corporate_governance_kodex_fuer_genossenschaften.pdf. Abruf am 25.07.2012.

Bundesverband der Deutschen Volksbanken und Raiffeisenbanken e.V. (2012): Unsere Werte – Werte schaffen Werte. URL: http://www.werte-schaffen-werte.de/unsere-werte.html#,Abruf am 15.04.2012.

Coop eG (o.J): Willkommen bei der coop eG. URL: www.coop.de.

DATEV (o.J.): Kurzprofil. …was Sie über DATEV wissen sollten. URL: http://www.datev.de/portal/ShowPage.do?pid=dpi&nid=2155, Abruf am 13.05.2012.

DENIC (2012):Geschichte der DENIC eG: www.denic.de (2012). URL: http://www.denic.de/hintergrund/geschichte-der-denic-eg.html, Abruf am 20.04.2012.

DGRV (2012): Genossenschaften weltweit | Die Genossenschaften (2012). URL: http://www.genossenschaften.de/genossenschaften-weltweit, Abruf am 13.05.2012.

DGRV (o.J.): Geschäftsbericht 2010. Deutscher Genossenschafts- und Raiffeisenverband e.V. URL: http://www.dgrv.de/webde.nsf/web/geschaeftsbericht/$file/DGRV_Gesch%C3%A4ftsbericht_2010.pdf, Abruf am 31.05.2011

DZ Bank Gruppe (2012): Zusammen geht mehr. Hg. v. DZ Bank Gruppe. DZ Bank Gruppe. URL: http://www.dzbank.de/unternehmen/index.jsp?path=/downloads/praesentation_dz_bank.pdf, Abruf am 02.05.2012.

Gärtner von Eden (2011):Gärtner von Eden : Gartengestaltung, Gartenbau, Gartenpflege, Landschaftspflege. Online verfügbar unter http://www.gaertner-von-eden.de/, Abruf am 27.05.2012.

Internationale Co-operative Alliance (o.J.): Statement on the Co-operative Identity. URL: http://www.ica.coop/coop/principles.html, Abruf am 15.04.2012.

Lamprecht, Dirk; Donschen, Alexander (2006): Der Nutzen des Member Value Reporting für Genossenschaftsbanken- eine ökonomische und juristische Analyse. Hg. v. Institut für Genossenschaftswesen der Westfälischen Wilhelms-Universität Münster. Institut für Genossenschaftswesen der Westfälischen Wilhelms-Universität Münster. Münster (58). URL: http://www.wiwi.uni-muenster.de/06//forschen/veroeffentlichungen/material/AP_58.pdf, Abruf am 03.07.2012.

Leuschner, Carl-Friedrich (2005): Genossenschaften- Zwischen Corporate und Cooperative Governance. Westfälische Wilhelms-Universität Münster Institut für Genossenschaftswesen. Münster. URL: http://www.wiwi.uni-muenster.de/06//igt/de/material/AP47.pdf, Abruf am 25.06.2012.

Manager Magazin (2012): Niedrige Kurse: Zahl der Aktionäre steigt - manager magazin - Finanzen (2012). URL: http://www.manager-magazin.de/finanzen/boerse/0,2828,808686,00.html, zuletzt aktualisiert am 12.01.2012, Abruf am 13.05.2012.

Neue Genossenschaften (2012):Berlin Music Commission eG (2012). URL: http://www.neuegenossenschaften.de/gruendungen/kultur_u_sport/BerlinMusic.html, Abruf am 27.05.2012.

Regierungskommission Deutscher Corporate Governance Kodex (2010): Deutscher Corporate Governance Kodex. URL: http://www.corporate-governance-code.de/ger/download/kodex_2010/D_CorGov_Endfassung_Mai_2010.pdf, Abruf am 25.07.2012.

Regierungskommission Deutscher Corporate Governance Kodex (o.J.a): Deutscher Corporate Governance Kodex Archiv. URL: http://www.corporate-governance-code.de/ger/archiv/index.html. Abruf am 20.07.2012.

Regierungskommission Deutscher Corporate Governance Kodex (o.J.b): Kodex.URL: Online verfügbar unter http://www.corporate-governance-code.de/ger/kodex/index.html, zuletzt geprüft am 20.06.2012.

Regierungskommission Deutscher Corporate Governance - Kodex. (o.J.c): URL: http://www.corporate-governance-code.de/ger/kodex/1.html, Abruf am 11.06.2012.

Ringle, Günther (2007): Genossenschaftliche Prinzipien im Spannungsfeld zwischen Tradition und Modernität. Hochschule Wismar, Fachbereich Wirtschaft. Wismar. URL: http://www.wi.hs-wismar.de/~wdp/2007/0701_Ringle.pdf, Abruf am 26.07.2012.

Stappel, Michael (2011): Die deutschen Genossenschaften 2011. Entwicklungen-Meinungen-Zahlen. Sonderthema: Am Vorabend des Internationalen Jahres der Genossenschaften 2012. Hg. v. DZ BANK AG Deutsche Zentral-Genossenschaftsbank. Wiesbaden. URL: http://www.dgrv.de/webde.nsf/7d5e59ec98e72442c1256e5200432395/1264bc8aaf4f1871c12 5799800363bdf/$FILE/DZ%20BANK-Bericht_Genossenschaften%20in%20Deutschland.pdf, Abruf am 27.07.2012.

Theurl, Therseia (2006): „Der Aufsichtsrat in der Genossenschaft- Auftrag, Selbstverständnis, Strategie". In: *Dialog* (62), S. 12 bis 13. URL: http://www.neuegenossenschaften.de/download/Aufsichtsrat-Spezial.pdf, Abruf am 27.06.2012.

Theurl, Therseia; Böttiger, Jörg-Matthias (2008): Stakeholderorientierte Berichterstattung von Genossenschaften- Einordnung, Zielsetzung und Grundsätze des MemberValue-Reportings. Institut für Genossenschaftswesen der Westfälischen Wilhelms-Universität Münster. Münster. URL: http://www.wiwi.uni-muenster.de/06//forschen/veroeffentlichungen/2008/material/ap70_boettiger.pdf, Abruf am 02.07.2012.

Tschöpel, Michael (2010): Die MemberValue-Strategie von Genossenschaftsbanken- Eine throretische Begründung und Darstellung von Potentialen. Hg. v. Institut für Genossenschaftswesen der Westfälischen Wilhelms-Universität Münster. Institut für Genossenschaftswesen der Westfälischen Wilhelms-Universität Münster. Münster (96). URL: http://www.wiwi.uni-muenster.de/06//forschen/veroeffentlichungen/2010/material/nr96_arbeitspapier.pdf, Abruf am 03.07.2012.

Tschöpel, Michael (2011): Die Ausgestaltung der MemberValue-Strategie-eine hypothesenbasierte Auswertung einer explorativen Vorstudie. Hg. v. Institut für Genossenschaftswesen der Westfälischen Wilhelms-Universität Münster. Institut für Genossenschaftswesen der Westfälischen Wilhelms-Universität Münster. Münster (109). URL: http://www.wiwi.uni-muenster.de/06//forschen/veroeffentlichungen/2011/material/arbeitspapier_endversion.pdf, Abruf am 03.07.2012.